U0082642

33°

TOP10
私房路線

TRANSPORT IN KAOHSIUNG

高

記者揪你玩

文·攝影 **處女座**

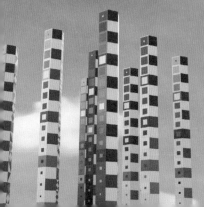

目次┈┈┈

目次‥‥‥‥‥‥‥‥‥‥‥‥‥‥‥‥‥‥‥‥‥‥‥‥‥‥‥‥‥‥‥‥‥‥‥‥‥‥

作者序

　　對於務實、挑剔又洞悉一切的處女座來說，永遠都在追求質與價之間的平衡；那種好看不好用，有名氣卻貴得很不實際的東西，對處女座的我而言，一概Say：「No！」

　　所以囉！高級料理、頂級旅館的奢華體驗，沒什麼了不起，花了大錢，本來就應該有非凡享受，就像開著雙B名車，一定會有高級音響、豪華座椅，如果平價房車這時推出同等級配備，那才教真感動。

　　很抱歉，我這種庶人性格，不是不在乎品味、質感，只是更講究「超值」的重要性。

　　就像日前，在日本京都入住的小旅館，雖然環境沒有大飯店氣派，但房價適中、環境小而美，早餐的每一粒米飯、蔬菜、點心，樣樣精緻、用心；這樣的小品，簡直無從挑剔，對我而言，完全不需要氣派的Buffet來湊熱鬧。

　　同理可證，我也不喜歡Motel，因為空曠的空間感覺淒涼、遼闊回音或沒有門的浴廁讓人慌張、過度柔軟的床墊害我起身不易、昏暗的燈光阻礙我閱讀……，甚至只要想起上一組房客在這裡「休息」，那種房間頻繁的使用度，短時間如何做到安全衛生的把關？就足以讓我打從心底發毛；但飯店不也是嗎？的確，但至少沒那麼嚴重，好吧！我承認，我龜毛！

　　因為工作關係，我四處趴趴走已成常態，近幾年，已經不知道第幾次到訪高雄，很驚訝，這個印象中的工業城市，在短短數年，蛻變成為亮眼的明珠，顛覆以往印象。

　　最近，剛從日本東京回台北不久，馬上投入本書的作業，飛奔高雄Long Stay。這是一個很好的時間點，讓我得以在短時間內比較東京、台北、高雄三大都會，這種瞬間移動的衝擊，讓我的感覺特別敏銳。

　　當然，這其中包含了某些很主觀的觀點，像是高雄人變時尚、都市景觀國際化，以及豔陽與人情味依舊等，個人經驗值的比較級，但我相信，至少有六成以上的人都認同。

　　規劃這本書時，我除了劃分區域、主題所歸納的行程頁，帶領

讀者從書中逛高雄，以及在地人推薦的「巷仔內」美味之外，最特別的是加入我對細節觀察所做的整合紀錄，提供一點趣味、一點話題，讓人玩味，以穿插頁的形式詮釋高雄，帶領讀者從高雄人的生活、人文來感受高雄。

　　我希望大家可以因瞭解而更深入其境，讓這趟高雄之旅不只是生硬的按圖索驥。現在，請隨著我的感官，一起玩高雄吧！

01
西子灣站

■海天一色　西子灣

　　前往西子灣，有兩條路線，從中山大學的隧道口直接進入校區，或循著哨船街堤岸蜿蜒向前，從中山大學的正門口進入；我覺得，各有其美感，建議一進一出，最能飽覽美景。

　　西子灣夕照為高雄八景之一，每到黃昏，海岸線的護堤就可見到遊客群聚，觀賞落日光輝，尤其是情侶的依偎，壯觀景象，無論平日假日，所以，這裡被戲稱「蘿蔔坑」；若遇到天候不佳，可見到許多巨大貨輪在外海排隊進入高雄港避風頭，也成為西子灣獨特的景致。

　　還有一個頗累人的景點，實在不容錯過。在西子灣入口處（中山大學校門口）右方山坡，有一個白色「Z」字型階梯，在

山坡綠意、黃昏夕照中，特別鮮明，沿著階梯往上爬，直到喘不過氣時，就可見到目的地「十八王公廟」，與旁邊的「打狗英國領事館」，這兩個重要觀景聖地，分別可眺望高雄港灣、旗後燈塔和85大樓，視野寬廣遼闊，日、夜景的震撼度不相上下。

　　由於這美景名震海外，近年成為陸客來台的指定景點，所以，一輛輛大型遊覽車來來去去，但是海濱道路狹窄、停車場空間有限，難免交通壅塞，建議轉搭公車或租自行車前往，避免卡在車陣中。

　　若搭乘捷運可於O1西子灣站1號出口出站，轉搭橘1接駁車；而想租腳踏車則有兩種選擇，2號出口對面新濱派出所旁有高雄市公共腳踏車租賃站，前30分鐘30元，之後每半小時15元，每日最高計時12小時，另在1號出口則有民營腳踏車出租，以日計費，一般型單車租金以日計價，每日100元。

西子灣夕照是高雄最著名的勝景。

整個港區，有好幾個觀景聖地，其中，中山大學校門口的「蘿蔔坑」最浪漫誘人，這裡的設計很有趣，兩個人坐在其中，卡得剛剛好，成為情侶增進感情的重要約會點。

西子灣隧道

　　西子灣隧道原名壽山隧道，二次大戰在美軍轟炸時曾改作防空洞使用。現在是中山大學聯結臨海路的捷徑，炎熱的夏天，步行在隧道裡，特別涼快，所以，常有學生或遊客穿縮步行其中。

■西子灣隧道
位置：鼓山區臨海一路、哨船街口

西子灣海水浴場

　　談到西子灣海水浴場，讓我印象最深刻的其實是中山大學，因為最難得的是學府坐落於觀光區，無論內、外，觀光客進進出出，著實有著歐美大學的味道。

　　西子灣是海水浴場及天然礁石而聞名全台的天然灣澳，位於國立中山大學內，是高雄地區近郊最有名的海水浴場，也是欣賞日落的最佳去處。

■西子灣海水浴場
位置：中山大學內
電話：（07）525-0005-301
沙灘開放時間：10:00～18:00（夏令期間營業至19:00）
票價：全票70元，半票30元（身高120公分以下兒童）

貼心提醒

超好用的99號公車，從捷運鹽埕埔站出發，沿途行經鹽埕區、西子灣各大重要據點，如：歷史博物館、壽山公園、捷運西子灣站、哨船頭、港務局（隧道口）、中山大學、海水浴場與柴山國小，回程還會繞道新濱碼頭、鼓山輪渡站，非常推薦慢遊的人善加利用。

發車時間：06：00~18：00
　　　　　（發車區間約30~40分鐘）

車班表：

鹽埕發車	柴山發車
6：00	6：30
6：30	7：00
7：10	7：40
7：50	8：20
8：30	9：00
9：20	9：50
10：00	10：30
10：40	11：10
11：20	11：50
13：00	13：30
14：20	14：50
15：20	15：50
16：00	16：30
16：40	17：10
18：00	18：30

打狗英國領事館

　　位於山海交交界處的「打狗英國領事館」，建於1865年，是外國人在台灣建造的第一座領事館，也是在台興建的第一棟洋樓。

　　歷史在眼裡、高雄美景在腳下，登上領事館，這精良的紅磚建築，兩側展現文藝復興時期的拱型迴廊，可避南台灣豔陽和驟雨，有冬暖夏涼之效，但現在以保護二級古蹟的立場，欣賞的價值勝過當年的實用性。

　　我覺得這裡最佳的造訪時間是午後到傍晚時分；往東望，高雄港區的壯麗景觀一覽無遺，85大樓、夢時代摩天輪一網打盡，向南看與旗津漁港遙望，漁船、渡輪往返，偶爾還會傳來汽笛聲。

　　風景宜人、古蹟迷人，園區結合了休閒餐飲，成為高雄熱門景點之一；只是，因為宣導不足，很多遊客不明就裡就坐上欄杆台基邊石，保護古蹟的服務人員捏一把冷汗大聲遏止，不僅當事人嚇一跳，連旁人也受驚，影響了心情。

　　美麗的英式建築，有美麗的拱式廊，但每一塊紅磚都是珍貴的歲月痕跡，在這裡，可以看、拍照，千萬不要過度拍打、坐臥建築物。

　　這就是西子灣，不管在海堤、哨船頭的懸崖上，或是穿越中山大學校區進入柴山後山，無論從那個角度，高雄人百看不厭的迷人海景，盡在這裡。

■打狗英國領事館
位置： 鼓山區蓮海路20號（面中山大學大門的右側山上）
電話：（07）525-0271， 525-0273
開放時間： 09:00~24:00 （免費參觀/每月第3週週二休館）

■觀海食玩趣---柴山

玩西子灣除了上山、下海，還有另一種超享受的行程，就是到柴山的觀海餐飲業者齊聚地用餐、小歇，我綜合各地友人與在地高雄人的推薦，篩選出「海洋天堂」、「海岸咖啡-大碗公咖啡」，這兩家大家都說得出店名的特色店家。

前往柴山觀景餐廳區，體力充沛的人可以騎單車，但由於坡度陡，算是一條比較硬的路線，所以，依個人體力不同，車程約60分鐘上下；一般觀光客，建議從西子灣風景區，也就是中山大學校門口搭99號公車前往，（想直接達陣的人，可直接從捷運西子灣站搭99號公車），於柴山國小站下車，站牌對面矮屋的後面，沿著長廊走入，就是知名的「海岸咖啡-大碗公咖啡」。

來自薩爾瓦多的老闆與台灣籍太太911事件時相遇、相戀，回台後開了這間咖啡店，憑著老闆煮咖啡手藝、南美洲口味餐點加上美景，不時有人來看海賞黃昏。

半開放式的空間，在傍晚時分，迎著海風很舒服，但是，太早到實在太熱，建議下午3點以後前往。

來到這裡，千萬不能錯過1200cc超大份量的大碗公咖啡，點餐時，可請老闆在上面寫字做紀念，新鮮又有趣，而咖啡口味，我覺得像比較大杯的咖啡歐蕾。

從「海岸咖啡-大碗公咖啡」往下步行約7分鐘，即可抵達「海洋天堂」。由於前往的路蜿蜒，建議先上官網或部落格看前往方式、列印路線，按圖索驥，在海產店的下面，可以看到海洋天堂的招牌，嗯，怎麼看都像是一般住家的後門，如果沒有

飲用大碗公咖啡時，可用小杓子將咖啡分裝到小咖啡杯內。

仔細看還不敢推門，還好入內後，別有洞天。

　　室內寬敞，裝潢簡單，僅靠布幔布置天花板走浪漫風格，我覺得比較有看頭的是窗外的海景，浪濤拍打岸石，就在腳下，堪稱離海最近的餐廳。

　　老闆是澳洲人，這裡賣得是西式餐點，招牌的Pizza是薄皮，現點、現做、現烤，餅皮的口感邊脆，中間軟、Q皮，簡單的番茄、起司加香料的馬格麗塔Pizza，最能展現Pizza的口感。

　　下山時可等候公車或請店家叫計程車，等候時間大約15分鐘，價格都是跳表計價；而上山，也可以揪人共乘，只要跟運將說來到柴山的餐廳，跑這帶的司機大多知道。

＊貼心提醒＊

1.「大碗公咖啡」有低消100元的限制，而必點的大碗公咖啡每碗210元，其他單點產品的價格都不足100元，選搭很傷腦筋，結果在結帳後才知道大碗公咖啡可抵2人，菜單竟未明列，很容易讓人誤會。
2.前往「海洋天堂」時，最好沿著指示走、勿亂闖，否則，很容易不小心走入民宅。

■大碗公咖啡
位置：高雄市柴山31號
電話：0928-345-607
營業時間：13：00~23：00（週一店休）

■海洋天堂
位置：高雄市鼓山區柴山41-2號
電話：（07）525-0058
營業時間：12：00~23：00（週一至四），
　　　　　12：00~24：00（週五、六）
部落格：http://tw.myblog.yahoo.com/escape-41
網址：http://www.haskellco.org/escape41.htm

■純樸漁村風情---旗津

前往旗津，可在鼓山輪渡站或真愛碼頭搭公營渡輪或民營舢舨船，在渡輪上欣賞高雄港灣及85大樓，是一種特殊的海上經驗，若剛好與其他船隻交會，馬上就可以體驗震撼感。

出了旗津輪渡站，先別慌，走路、騎自行車、搭車，都有不同的玩法。只想步行的人，遊玩的範圍有限，建議搭配自行車或搭乘三輪車，可勾勒出整趟行程的更多層次。不過，我覺得最盡興的莫過於騎腳踏車玩旗津，畢竟各景點之間都小有距離，想在一天之內，畢其功於一役，可以在輪渡站前租用民營腳踏車，這裡的行情價是一般單車租用一天100元，不限時間；另外，也可以從西子灣就租車，牽著車搭乘渡輪，繼續玩旗津。

■新宇自行車出租

部落格：http://tw.myblog.yahoo.com/s120805507/
收費方式：自行車100元/次，雙人協力車100元/次，2大1小協力車150元/次，1大2小親子車200元/次（以上均附鎖），接龍車100元 小時

◎**旗津站**：高雄市旗津區海岸路9號（輪渡站對面），（07）572-0786，0938-288702
　營業時間：09：00~19：00（週一~五），08：00~20：00（六、日）

◎**黃瑾樹站**：高雄市旗津區海岸公園內，（07）572-0786，0938-288702
　營業時間：09：00~17：00（週二~五），08：00~18：00（六、日）

◎**西子灣站**：高雄市鼓山區臨海二路19號（高捷西子灣站1號出口對面），（07）531-2732
　營業時間：09：00～22：00

◎**橋頭糖廠站**：高雄縣橋頭鄉興糖路7號（橋頭糖廠內），（07）611-6333
　營業時間：09：00～18：00

風車除了有環保發電功能之外，還有種浪漫的誘人魔力。

在陽光普照的高雄，
難得見到蕭瑟的防風
樹林。

沿著廟前路直走到底，就可看到旗津海水浴場，夏季戲水、游泳等水上活動踴躍，即使是海水浴場不開放的季節，沙灘也是開放空間，遊客只要不下水，整片細軟的沙灘，都是看海、聽浪濤、玩遊戲等活動的空間。

因應旗津長窄的地形特色規劃的旗津海岸公園，位於旗津三路，沿著海岸線，長約3.5公里，佔地約45公頃左右，由自行車道與散步道貫穿整個公園，為了讓人不無聊，沿途設置了海水浴場、貝殼館、風車公園。

貝殼館位於遊客中心二樓，由高雄市民黃葛亮提供收藏多年的貝殼，成立東南亞最大的貝殼館，近兩千種台灣常見的貝殼羅列其中；此外，館方設置一處觀海平台，從岸上延伸到海中，站在平台上可以感受波濤巨浪衝擊，刺激指數破表，讓人印象深刻。

旗津海灘是夏日戲水的好地方。

至於風車公園，我想，對一般觀光客來說，拍照的功能大於它的環保風力發電特色，但很多人不知道這七座三葉式風車發電的電力，居然足夠供應園區夜間照明約四小時。

■旗津海水浴場
位置：高雄市旗津區廟前路1號
電話： 07-571-4876
開放時間：每年4月1日至10月（平日沙灘為開放空間）

■貝殼館
位置：高雄市旗津區廟前路直走左轉接旗津三路
電話：（07）571-5021?
開放時間：09:00～16:00 週一休館（ 免費參觀）

萬三小吃部

名揚全台的旗津，特色就是漁獲豐富、海產店多，搭乘渡輪來到旗津輪渡站後，朝前方轉角便利商店的方向，就是知名的廟前路，此外，中洲輪渡站旁，還有許多漁民販賣新鮮漁獲，也可以採購後交由店家烹調。

我覺得，各家都有美味本領，但讓人大開眼界的唯有自助式的「萬三小吃部」，老闆完全不需要吆喝，不到用餐時間，已經人聲鼎沸，完全展現大牌檔氣勢，而每盤菜色平價100元，現炒現出，馬上被端走，建議勿碰炸物、肉類，選擇清蒸、川燙、水煮類海鮮，較能嚐出道地的鮮甜。

這裡附近天天車水馬龍，最奇怪的是這段路沿路紅線、無停車格，除了周邊居民開設的民營停車場之外，一位難求，千萬不要開車前往。

■萬三小吃部

地址：高雄市旗津區中洲二路162號

電話：（07）571-6073

營業時間：11：00~21：00

假日人潮多，乍看有種辦桌的Feel。

太可愛了，
高雄也有「腔」高雄「忍」？

　　什麼是高雄「忍」？其實，我要說的是高雄「人」。高雄「忍」＝高雄「人」；如果這樣還是看不懂，那我用注音表示：高雄「ㄖㄣ」＝高雄「ㄖㄣˊ」。

　　為什麼大費周章解釋，因為這就是有趣的高雄腔：二聲、三聲，傻傻分不清楚；有時候，這些口音很隱密，不用心聽，不容易察覺。

　　多年來，台灣跑透透的我，樂於研究各地方的腔調，經常敏感到急切證明我的判斷，索性直問：「你是高雄人嗎？」「你是不是台中人？」「你是宜蘭人？」雖稱不上是語言專家，但這突如其來的舉動，曾準確到把台大教授嚇到，為初次見面的彼此拉近距離、開啟話題。

　　相較於重音節放錯地方的台中腔，高雄腔的特色除了二聲、三聲的發音錯置，還習慣在尾音加入「ㄋㄟ」（也就是「捏」、日文「ね」、英譯「ne」）。

　　我認為高雄腔來至於高雄人待人和善，為了認真應答，逐字逐句說清楚，結果，講話變得用力所造成。

　　所以，高「雄」變成高「ㄒㄩㄥˇ」、公「平」變成公「ㄆㄧㄥˇ」、回「來」變成回「ㄌㄞˇ」、麻煩變成麻「ㄈㄢˇ」……或者讓人啼笑皆非的誤會，「不急」？「不擠」？偶爾讓人搞不清楚所要表達的意思，但比起大都會台北，人際的疏離，我倒開始欣賞起這熱「請」（高雄腔）的港都口氣。

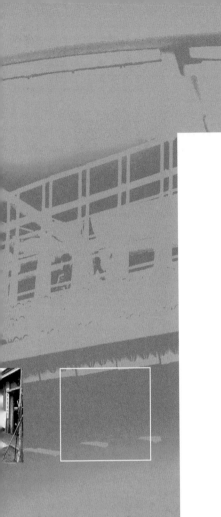

02
鹽埕埔站

■滄海桑田老滋味---鹽埕埔

　　我人還沒到高雄，已經收到各地親友熱情推薦：「鹽埕區一定要去，那裡小吃不容錯過。」當然，連高雄在地人也讚不絕口：「簡直是美食大本營。」所以，我知道：尋找高雄道地的傳統美味，往鹽埕區去，準沒錯。

　　在這裡，有幾個舊地名沿用至今，成為當地人「報路」的重要指標，不可以不知道；就像老台北人口中的「城中市場」，地圖上不見得會標示。

　　簡單說一下歷史，把時間回溯日治時期，日本人為了疏通高雄港的水量，就在現今的七賢三路和瀨南街之間挖掘平行的水道，稱之為「堀江」。民國27年，「堀江商場」成立，那時稱作「堀江町」；光

因為國際流通便利、資訊發達，很多好口碑的進口日貨，仍可在這裡方便購得。

復後，水道加蓋，貫穿「堀江商場」、鹽埕第一公有市場，從此，這條這條狹小而長的巷弄，被口語化稱為「大溝頂」。

因為臨近高雄港，以前，船員常攜帶外國貨品和在地人交易，日本、香港、泰國及馬來西亞等地「水貨」逐漸於此匯集，成為南台灣最大的舶來品集散地，如今雖風華褪盡，但「大溝頂」附近巷弄，許多三、五十年老字號依然堅持遵循古法，煉製著讓高雄人魂牽夢縈的滋味，而且，營業時間，幾乎都是從早到晚，成為饕客鎖定的美食天堂。

走逛鹽埕區，除了飲食、民生精華匯聚的舊城特色，還要把握一個重點，就是「港口」特性，外國人超多，因為水手會下船，造成三大特色，第一：銀樓多，黃金國際通用，水手常把錢換成黃金確保幣值；第二：PUB多，水手下船尋歡上哪去？PUB是最直接的地方；第三：廢五金多，高雄曾是世界的拆船重鎮，重大機械可拆下來能賣的，通通都到這裡來。

因此，五金、PUB、銀樓、飾品、鐘錶等專業街各自獨立，形成特有景觀，成為另一個深度旅遊的方向。

33

＊貼心提醒＊

1. 根據我實地走踏鹽埕區的重點專業街、美食集散點，說遠不遠、說近也不太近，若想搭公車往返期間，不如租用腳踏車，不僅可減輕負擔，遊憩範圍還可擴大。
2. 搭捷運橘線抵達O2鹽埕埔站，由1號出口出站，下樓梯往右邊看，鹽埕國小大勇路旁圍牆邊，就有高雄市公共腳踏車租賃點。

■鹽埕埔散步道

琳瑯滿目飾品街---鹽埕街

　　見我是女生，高雄在地人特別推薦我到飾品批發街朝聖，走進鹽埕街，飾品批發的集中區域主要在五福四路與新樂街段，總長約一百公尺。

　　這條巷道雖然迷你，但擠進約二十家業者，各家風格不一，新舊潮流，應有盡有，從國外引進的頭飾、項鍊、胸針、手鐲、戒指、腳鍊等，五花八門，平價的戒指、手鍊、胸針，從1、20元到數百元不等，也有走專櫃高檔路線、獨特精緻風格，光是一對耳環，賣價可高達1000元，無論如何，都足以滿足女孩、輕熟女、熟女到師奶。

　　我才剛走進飾品街，就已經目不轉睛，其間，還穿插著包包批發店，最重要的是大部分店家都很歡迎零售客，短短這一路，真讓我差點無法脫身，實在難以抉擇啊！

珠光寶氣金仔街---新樂街

　　逛完飾品街，已經直接可以抵達銀樓齊聚的新樂街。以前，水手常把錢拿來換黃金，鼎盛時期，這裡二步一家、五步一店，新樂街銀樓曾多達五、六十家，在高雄，只要說鹽埕區金仔街、銀樓街、珠寶街，沒人不知道。

　　現今雖然繁榮日趨沒落，從七賢路到中正路這一小段，還是有多達三十多家銀樓，來這裡觀光雖然不見得帶得走珠光寶氣，但光是整排的傳統台式建築，就已夠人回味的。

酒吧異國風飄香---五福四路

　　這裡瀕臨高雄港，也是外國船員常到的地方；有人說，鹽埕區是高雄市最多外國人出沒的地方，就像台北的天母地區。

　　剛到的我見這個舊商圈，摻雜著濃濃異國風味霓虹燈，獨樹一格又彼此交融，所產生的莫名協調性，實在由衷佩服。

　　高雄在地人說五福四路是鹽埕區的精華地段，觀光飯店、精品服飾、酒吧、特色餐廳等，都在同一條街上，尤其是酒吧，短短幾百公尺就有10多家，雖然都不大，卻是放鬆心情淺酌的好地方。

＊貼心提醒＊

此區PUB並非熱舞喧鬧式，以小酌為主。

大開眼界廢五金街---公園路

　　老實說，看著導覽地圖，我並不覺得廢五金有什麼可看之處，這裡，也不是高雄在地人會推薦的觀光聖地，但意外鑽進公園路之後，只能說：我後悔了！

　　眼前的巨大五金，都是從自解體船拆卸下來的廢鐵、鋼管、機件、馬達、油壓機、鋼索等，粗獷的美感，深深吸引著我的目光。

　　據統計，這裡附近應有上百家廢五金業者，這樣的景象，雖然不見得有可玩性但夠獨特，畢竟在高雄以外的城市，絕對看不到，出門玩，不就是看點不同的嗎？

■人文薈萃舊城風情

駁二藝術特區

　　「駁二」是指第二號接駁碼頭，位於高雄港第三船渠裡面，閒置多年後，被規劃為藝文展示空間。

　　走進特區，乍看之下，土灰色的倉庫建築毫無生氣，但是，深入觀察，不定期舉辦的展覽、活動，活化了生硬的舊倉庫，尤其沿著舊鐵道邊的鐵道公共藝術，頗有國際裝置藝術的味道。

　　散步其中，呼嘯而過的單車與歡笑，加上鹽埕觀光碼頭海風吹拂，盡情享受藝術、生活的閒適，是我多年跑遍大台灣，難得可以感受到的放鬆。

倉庫自行車學校

　　倉庫自行車學校是結合閒置空間活化，發展出來的單車人文藝術樂活概念空間。這裡，原是三號船渠邊老舊廢棄的台糖倉庫，近年，舊路改成自行車道，一群

專屬單車族的交流空間,有咖啡
館,並提供無線上網。

愛好自行車運動的藝文、社會工作者因而共同籌設倉庫自行車學校，成為高雄市專屬單車族的交流空間。

在這裡，提供單車救援、技術課程、不定期舉辦單車跳蚤市場、文化講座，不少單車客喜歡窩在咖啡館內的沙發區，懶懶地看書、隨意無線上網。

■駁二藝術特區
網址：http://sub.khcc.gov.tw/pier-2/index2.aspx
開館時間：10：00~18：00（週二~五），
　　　　　　10：00~20：00（六、日）
公休日：週一、國定假日
地址：高雄市鹽埕區大勇路1號
電話：（07）521-4899，521-4869

■倉庫自行車學校
網址：www.depotbike.tw
營業時間：13：00~22：00（週二~五），
　　　　　　10：00~22：00（六、日）
公休日：週一
地址：高雄市鹽埕區光榮街1號
電話：（07）521-7907

高雄市電影圖書館

對於學電影且熱愛電影的我來說，高雄市電影圖書館可真的是偉大的藏寶處。這裡不僅有豐富的電影藝術書刊、視聽資料，幾乎每天都有世界電影的免費播映，索票時間為每場次開演前30分鐘至開演為止，一人一票，索完為止，遇到熱門影片，可得要提早排隊。

高雄市立歷史博物館

相較於北台灣博物館的喧鬧，高雄市立歷史博物館顯得靜謐，它散發出來的幽雅氣息，讓人從遠觀就開始尊重。

這裡的展演內容，非常具有在地精神，二二八事件在高雄、船承高雄特展、打狗布袋戲小劇場等，其實都很用心的在耕耘、紮根，我想，應該是藉此提醒大家關懷台灣這片土地。

四處跑透透的我常常心想，該怎麼向外國朋友介紹真正的台灣？我想，高雄市立歷史博物館應該是一個最適合的序曲。

■高雄市電影圖書館
網址：http://w4.kcg.gov.tw/~kmfa1/
營業時間：13：00-21：00（週二~日）
公休日：週一，除夕至農曆大年初三
地址：高雄市鹽埕區河西路10號
電話：（07）551-1211

■高雄市立歷史博物館
網址： http://w5.kcg.gov.tw/khm/TW/index.asp
營業時間：09：00-17：00（週二~五），
　　　　　　09：00-21：00（六、日）
公休日：週一
地址：高雄市鹽埕區中正四路272號
電話：（07）531-2560

■老字號的美食

大ㄞㄡ胖炭烤三明治（民國54年成立）

　　晚上10點多，在沒有行人的鹽埕區街頭，遍尋不著傳說中的炭烤三明治，最後7-Elenen店員把我從絕望中拉回來：「過這條街後右轉，看到大排長龍的店就是了。」本來沒有店名的炭烤三明治只有半個店面，因為老闆身型微胖，所以顧客稱「大ㄞㄡ」或「大胖」，兩年多前，搬至現址後，直接依此取名。

　　炭烤吐司、豬油煎蛋、手工沙拉醬加上當日採買當日醃製的小黃瓜，現點現做的招牌三明治，土司皮酥內軟、蛋嫩、香味濃，搭配鮮奶茶，只能用完美來形容。

■大ㄞㄡ胖炭烤三明治
營業時間：11：00~14：00，17：00~24：00
公休日：每月第2、4週的週一
消費額：30元起
店址：高雄市鹽埕區大智路126號
電話：（07）561-5572

阿貴虱目魚（民國52年成立）

　　聽說阿貴虱目魚夠美味，剛到門口，老闆娘就熱情介紹：「魚皮、魚肚丸、魚丸，都很好吃。」真是糟糕，該怎麼選擇？在這裡，除了必備的新鮮虱目魚，最為獨特的是變化多多的虱目魚漿創意秀，以虱目魚粥來說，除了手工去刺魚肚之外，還加了魚漿包裹，味道十分爽口；而其貌不揚的魚丸湯，則是使用手工魚漿手工捏製的魚丸，外型不像一般的丸子平整光滑，但魚肉味道十分濃郁，口感極佳。

■阿貴虱目魚
營業時間：06：00~14：00
公休日：不一定
消費額：30元起
店址：高雄市鹽埕區瀨南街144-1號
電話：（07）551-6603

阿英排骨飯（民國52年成立）

　　綜合幾位高雄朋友對阿英排骨飯的讚美，最後，都用吞了一口口水來做結論，可以見得，「排骨飯」這樣的平民美食，也可以讓人魂牽夢縈。

　　阿英排骨飯的排骨滋味所以迷人，原因在於先將排骨滷到入味，再經由油炸，把排骨肉汁給封住，好吃到令人想再吃一塊，雖然配菜相當簡單，都只有主菜配上酸菜、黃蘿蔔，在淋上肉燥，或許也是因為這樣，才不會喧賓奪主。

　　此外，雞腿飯也讓人驚奇，一口咬下去竟然會有雞汁噴出來，雞腿本身炸得酥脆，感覺連骨頭都可以啃下去。

■阿英排骨飯
營業時間：10：30~20：45
公休日：不一定
消費額：排骨飯50元，雞腿飯60元，
　　　　加20元可多點三菜一湯的特餐
店址：高雄市鹽埕區富野路79-2號
電話：（07）521-5562

阿囉哈滷味（民國38年成立）

　　在高雄市區鬼混到半夜12點多，正在想該找什麼點心解饞，朋友異口同聲推薦鹽埕埔的「阿囉哈滷味」，原來，這家店營業至凌晨2：30，真是夜貓子的好朋友。

　　深夜裡，寂靜的鹽埕街道，「阿囉哈

大部分高雄人建議不容錯過的招牌小吃是口香糖，也就是鴨腱腸，每份30元。

滷味」昏黃的吊燈顯得特別亮，看來嚴肅的老闆見我們一行人，面對眾多產品不知所措，馬上串起幾片招牌「口香糖」給大家試吃，這其實就是脆腸，因為咀嚼的口感像口香糖，而有此稱。

不試還好，一試馬上成主顧，多種中藥加醬油，用小火慢慢滷的乾式滷味香氣逼人、味道深入，另外推薦手工米血，口味也很感人。

■阿囉哈滷味
營業時間：15：00~2：30
公休日：不一定
消費額：5元起
店址：高雄市鹽埕區大仁路156號
電話：（07）561-6611

無名手工圓仔冰（民國63年成立）

「有一家老阿伯的手工圓仔冰，非常好吃，是在地人才知道的店，不過那裡沒店名、沒招牌、沒確切地址，很難跟妳講。」結果，友人帶著我直奔「大溝頂」的第一公有市場，就在市場口、五福四路上，旁邊有一棟漢王洲際飯店是大地標。

陳舊的櫃子、烹煮檯，以及上了年紀的老闆娘，這間沒有店名的手工圓仔冰店，以手工特色吸引饕客上門。店小小的，騎樓下只擺了兩張桌子，座位不多，但人氣很旺。四十多年來，老闆只賣八寶冰、花生湯、圓仔湯、紅豆湯，全部35元1碗，可以因應季節，請老闆做成冰或熱食，在地人說以前還有超好喝冬瓜茶，但因老闆年邁，加上生意太好忙不過來，大家已無緣品嚐冬瓜茶的美味。

手工製作的湯圓，雖然沒有一顆的形狀成圓，但是，Q、軟有咬勁，冰上所淋的

糖水，散發著濃郁的香味，席座間，有人向老闆娘要求「半糖」，居然也可以。

■無名手工圓仔冰
營業時間：2：00~10：00
公休日：不一定
消費額：35元
店址：第一公有市場口、五福四路上

田記豆漿（民國70年成立）

高雄人熱愛混搭型飲料，連傳統早餐店也不例外，在田記豆漿，無論紅茶豆漿、豆米漿、紅茶牛奶都熱賣。

田記豆漿的煎包如拳頭大、小籠包湯汁豐、雙蛋蛋餅Q香、手工油條、酥餅口感佳，而飲品類，除了招牌的豆漿，還有有趣的紅茶豆漿、豆米漿，樣樣都是極品。

有如拳頭大的煎包，內餡爆多，吃1個就很有飽足感。

在這裡，採自助式取餐，取餐後再到櫃台排隊點飲料、結帳，來到這樣人潮洶湧的名店朝聖，不免要提醒大家，取餐、走路都要小心。

■田記豆漿
營業時間： 5:00~11:00
公休日：每月5、20公休，遇假日順延
店址：高雄市鹽埕區新樂街75-3號
電話：（07）551-2136

郭家肉粽（民國30多年成立）

今天早餐吃什麼？朋友介紹：「鹽埕區吃肉粽。」我心想，一大早吃肉粽，會不會太負擔？但一抵達「郭家肉粽」，已經湧入滿滿人潮，我想，我多慮了。

這間店的二樓處，裝置了一個超大木桶，裝著肉粽滿溢出來，桶身寫著「郭」，做為招牌，讓人不注意都難。

這間經營50多年的老店，除了招牌肉粽之外，還有碗粿、土豆粽、豬腳湯、四神湯、味噌湯等古早味。

肉粽內餡有肉、鹹鴨蛋，米飯彈Q、不黏，淋上用米漿加炒過的肉湯煮成呈透明感的沾醬，沒有死鹹的醬油味，再加上花生粉，提升香味，整體口感清爽；碗粿雖然其貌不揚但口感滑順，吃完還想再吃；四神湯、味噌湯的湯頭一喝，就知道是長時間大骨所燉煮的精髓。

■郭家肉粽
營業時間：7：00~23：00
電話：（07）551-2747
店址：高雄市鹽埕區北斗街19號

水源活海產、水源原汁羊肉爐

晚上經過這家店，店門口總是坐滿人，很像大牌檔，加上屋簷有許多燈籠當裝飾，符合熱情南台灣的感覺，熱鬧滾滾。主力餐點除了海鮮、還有羊肉料理，每到冬天，生意更是好到餐桌都擺在大馬路上，大家都是衝著比岡山羊肉更美味的羊肉爐而來，因此，每天下午5點一開始營業，客人就會絡繹不絕的上門。

因為這裡離港口近，海鮮料理都非常生猛。簡單的川燙蝦，飽滿、鮮甜。

想感受港都的率性，來一趟大牌檔式的露天海鮮餐，精神馬上High。

■水源活海產、水源原汁羊肉爐
位置：高雄市鹽埕區高雄市七賢三路255號（七賢三路與興華街交叉口）

＊貼心提醒＊
鹽埕區美食多多，大部分營業時間很長，無論早、午、晚餐或宵夜時段前往，都可以找到特定美味。

■河岸散步地圖---愛河戀

愛河，高雄市最重要的河。以前叫做「高雄川」，聽說，後來改名為愛河，其實是個烏龍。

以前，河邊有家「愛河遊船所」，一回颱風把招牌吹毀，僅存「愛河」兩字，一位南調的記者報導時，未加查證就把這裡稱做愛河，後來，沿岸常有情侶約會、划船，浪漫之名因此流傳；民國57年，高雄市政府改名「仁愛河」，大家依然喜歡叫她「愛河」。

很可惜，經濟逐漸起飛，上游工廠林立，愛河變成大排水溝，嚴重污染、臭氣沖天，風光盡失。

走過歲月、歷盡滄桑的愛河，經過大力整治、美化沿岸，加上政府、企業、藝文人士的挖空心思，讓愛河重現生機，逐漸從運輸、交通，轉型成舉辦活動、遊河、散步的觀光重點。

愛河的東、西兩岸各有風情，尤其是夜間的倒著光影的河景，美不勝收，河畔常有情人、家庭、朋友觀景、聊天；最近，更成為單車族的重要路線，沿著河岸可以一路騎到北高雄的愛河之心。

愛河沿岸常舉辦活動、街頭表演，也

設置咖啡座,更是高雄市端午龍舟賽、元宵燈會的不二選擇。

　　一個週末,我獨坐愛河旁,對岸的年輕學生玩得正High,我猜可能正在進行大冒險遊戲,每隔幾分鐘,就有人跳進河裡玩耍,歡呼聲加上噗通水聲的愉悅氣息感染到對岸的我,我想,這種FUN,在台灣其他都會區,應該很難見到吧!

＊貼心提醒＊

白天的愛河,靜靜的流動,夜晚的愛河,有種神秘、絢爛的美,我覺得最佳造訪愛河的時間是晚上。

■愛河

位置:市議會站2號出口沿著中正路,步行前往,步行時間約15分鐘。

夜晚的愛河,多座跨河拱橋,藉由燈火倒映,阿娜多姿的美感,其他城市比不上。

西岸---真愛碼頭愛無限

　　2006年成立的「真愛碼頭」，就位於愛河口、五福橋旁，這裡原為12號碼頭，後來規劃了觀景高架步道平台、遊客休憩中心，以及設置雙座白色巨型風帆，分別對著高雄市區及旗津渡輪碼頭，可欣賞高雄摩天大樓林立的現代都市風貌，也能眺望港都海景，體驗大船入港的震撼。

　　這裡，不僅可以一覽河、港美景，因環境特色多、有層次感，也成為遊客拍照的熱點；以及，〈痞子英雄〉裡，陳在天被毆打、英雄被雙胞胎姐弟突襲小馬救英雄的地方。

　　看完美景，真愛碼頭依舊發揮其碼頭功能，規劃出河、海，共4線觀光水路，沿著愛河上溯的「愛之船」，有愛河之心與建國橋兩條賞都市河景浪漫路線，也能搭觀光渡輪前往旗津輪渡站與旗津漁港，沿途見識高雄港景、夕陽，停留旗津漁港，品嚐海鮮、逛魚市場買伴手。

＊貼心提醒＊

1.這裡的太陽比較烈，建議下午3點以後前往。
2.高雄有各種不同路線的水路體驗，行班時間、航程都不一定，然而，網站資訊不見得隨時更新，行前，最好先去電詢問、確認。

水路體驗
航線：真愛碼頭←→愛河之心

　　航程：從真愛碼頭上溯到北高雄的愛河之心，回程可以步行至R12後驛站逛逛，或搭捷運銜接下一個行程，相當方便。
　　電話：（07）521-2463、749-6747
　　航班：09：00~15：00（僅行駛例假日/整點行駛/每小時1班）

到了高雄，才知道海景有多美。在台灣，
高雄市唯一可以見到都市大樓與河景、海
景的融合。

　　捷運：紅線R9中央公園站1號出口（搭乘紅25或水岸公車至真愛碼頭站下車）或橘線○2鹽埕埔站4號出口右轉五福四路步行15~20分鐘至真愛碼頭

　　票價：全票（往返）：高雄市民50元、非高雄市民100元

　　半票（往返）：高雄市民25元、非高雄市民50元

航線：五福橋←→建國橋

　　航程：從愛河口出發後，沿愛河經高雄橋、中正橋、七賢橋、航行到建國橋折返，中途泊靠仁愛公園站及國賓飯店站，在愛之船上可近距離飽覽愛河沿岸景致。

　　電話：（07）521-2463、749-8668轉分機8607

　　航班：16：00~23：00（約15分鐘一班，往返約30分鐘）

　　捷運：橘線○2鹽埕埔站2號出口（往中正路→河西路，步行約10分鐘）

　　票價：全票（往返）：高雄市民50元、非高雄市民80元

　　半票（往返）：高雄市民25元、非高雄市民40元

觀光遊輪
航線：真愛碼頭←→旗津輪渡站

　　電話：（07）521-2463、749-8668轉分機8607

　　航班：07：00~23：00（僅假日行駛/約50分鐘一班/航程約50～60分鐘）

　　捷運：紅線R9中央公園站1號出口（搭乘紅25或水岸公車至真愛碼頭站下車）或橘線○2鹽埕埔站4號出口右轉五福四路步

行15~20分鐘至真愛碼頭

　　票價：單程全票20元，優待票10元（現場投幣，腳踏車免費）

航線：真愛碼頭⟷旗津漁港

　　電話：（07）521-2463、749-8668轉分機8607

　　航班：11：00~21：00（整點行駛/每小時1班/航程約90~100分鐘）

　　捷運：紅線R9中央公園站1號出口（搭乘紅25或水岸公車至真愛碼頭站下車）或橘線O2鹽埕埔站4號出口右轉五福四路步行15~20分鐘至真愛碼頭

　　票價：全票（往返）：高雄市民100元、非高雄市民150元

　　優待票（往返）：高雄市民50元、非高雄市民100元

東岸---玫瑰聖母堂、河岸咖啡浪漫聖殿

　　沿著景觀廊道，可從真愛碼頭跨越愛河到對岸的光榮碼頭，延續碼頭的藍色水岸風光。光榮碼頭曾載送後援物資與服役官兵前往金門、馬祖，高雄市政府為紀念其光榮歷史，特取此名。

　　在幾個觀光碼頭中，光榮碼頭是唯一較少公共藝術建設，原因是每逢節慶假日，寬敞的空間是藝文展演活動的首選，如：每年例行的海洋博覽會、跨年晚會及各式熱門演唱會等。

　　東岸的美景，還包含了一個只有觀光客到訪，大部分高雄人不太會來的地方「玫瑰聖母堂」。座位於五福三路，靠近愛河五福橋的她，1862年成立，1928年改建，靜靜矗立在現代化都市建築之間一百多年，已經融入高雄人的生活，於是被忽略。

　　我總覺得有些可惜，當大家買機票飛歐洲看國外教堂時，卻不知道在台灣的高雄，有一個亞洲三大聖堂之一，建築以哥德式八角尖塔、彩色玻璃窗、內部交叉拱筋，混合羅馬的中央拱樓、內部拱窗等設計，外型優雅，內部莊嚴華麗，風格獨具的「玫瑰聖母堂」。

　　此外，因為愛河整治成功加上周邊美化造景，為愛河加分，位於高雄國賓飯店對面，2001年的台灣燈會主燈「鰲躍龍翔」旁的咖啡座，取名為水漾愛河，入夜後水聲光影交錯，加上迷人音樂、咖啡香，讓

人彷彿置身浪漫巴黎。

有一個不靠河,但卻很有名氣的,「咕蒂・咕蒂研磨咖啡」,招牌的冰奶茶就是在綠茶上面加上略帶鹹味的奶泡,喝的時候不用吸管,以口就杯,慢慢旋轉,讓甜綠茶和著鹹奶泡飲入,鹹甜味道在口中融合,滋味迷人,還會留下人造白鬍子,頗富趣味。

「咕蒂・咕蒂研磨咖啡」目前有兩家店,總店位於中山一路跟中正三、四路交接口,捷運美麗島站的9號出口處,另一間在愛河畔水漾愛河對面巷內(高雄國賓飯店後面),我覺得兩家店的品質沒太大差異,但我特別推薦愛河店,原因是夏日可躲豔陽、冬天可避嚴寒。

用完下午茶,晚餐時間未到,還能來點什麼呢?玫瑰聖母堂旁、國軍英雄館右轉,後方的「福記臭豆腐」,想吃巧、吃飽都OK。

但是,如果照著地址上的五福三路117-7號找,肯定找不到,不過,只要找到國軍英雄館,轉進旁邊的英雄路,馬上就可以看到;如果還是沒看到,沒關係,英雄路很短,從頭走到尾不用3分鐘,再回頭找,不過才花6分鐘,一點不負擔。

福記的招牌豆腐捲,乍看像蝦捲,其實是由腐皮裹著碎臭豆腐、洋蔥及玉米,現炸口感外酥,內則香、軟、嫩又多汁。另外,脆皮臭豆腐,與北部剪開的吃法不同,而是將中間挖洞,加入醬料、泡菜、九層塔提味,滋味?只能用爽口來形容。

這是高雄少數用餐規則特別「硬」的店家,因為這裡看似一般小館,不具有速食業的點餐櫃臺,竟要求先付費,讓很多來客意會不過來,而且,就算中途加點,也必須馬上付費,這是我在高雄多天來頭

一次遇到，所以，請大家先把荷包準備好吧！

＊貼心提醒＊

1. 小店只有一個進出口，櫃臺就在門邊，因此，排隊、外帶、點餐、結帳都在此進行，所以，有些擁擠。

2. 店內通風設備不佳，大啖美食後，身上難免留下味道，需有心理準備。

■玫瑰聖母堂

位置：高雄市前金區五福三路151號
交通：捷運紅線中央公園站1號出口出站，往西、五福三路方向，步行約15~20分鐘，或在於1號出口搭接駁公車紅25或水岸公車，在高雄女中站下車。
電話：（07）282-3860
開放時間： 09：00~17：00（週日不對外開放）

■水漾愛河-奧多咖啡

營業時間：平日 13：00~24：30，假日 13：00~01：30（每週五、六、日都有樂團現場演出）
服務電話：（07）221-5969

■咕蒂‧咕蒂 研磨咖啡

愛河店
位置：高雄市河東路176號1樓（高雄國賓飯店後面大樓1樓）
營業時間：平日10：00~01：30，假日10：00~02：00
電話：（07）261-3009

中山店
位置：高雄市中山一路133號（捷運O5、R10美麗島站，9號出口）
電話：（07）288-1199

■福記

位置：高雄市五福三路117-7號（實際位置是在英雄路上）
電話：（07）241-9477
營業時間：04：00~23：00

■多樣風情---漁人碼頭

　　南北各一個漁人碼頭，我想，可能是流行歌的影響吧！

　　早年，台灣輸日的香蕉都由高雄港出口，因此，特別成立專用倉庫，後來，香蕉輸出沒落，香蕉棚英雄無用武之地，成了閒置倉庫，但因其位居高雄第一、第二港口直線交匯處，可眺望港區船舶進出動態的要地，港務局將其命名「觀海台」，成為被高雄人觀海台首選。

　　幾年前，政府整建原是散裝貨物裝卸碼頭區和倉儲區，命名「漁人碼頭」，委託民間經營，轉變成為商店美食街、啤酒PUB與浪漫風情咖啡座。

　　本來就是觀賞壯麗海景的首選之地被包裝後，無論清晨、黃昏或夜晚都能展現不同風情，尤其到夜晚，無論平日、假日，露天座位區座無虛席，歌聲、笑聲加上海浪聲，完全散發著度假南洋風，更成為〈痞子英雄〉中，痞子破案請客和開車苦等何小玫的地點。

從「觀海台」改為「漁人碼頭」後，委由民間經營後，結合娛樂、用餐，人氣更旺。

太好了！高雄人！

關於高雄人的友善與熱情，時有所聞，當我實地感受時，說實在，那窩心的感覺，足以撐起我的嘴角，微笑。

平常日的午後，我搭著高捷來到西子灣站，剛步出站，我東張西望，找不到名聞遐邇的高雄市公共腳踏車租賃系統，卻先見到一大塊旅遊導覽，趨前探望，才發現是民營的「新宇自行車出租」業者自製看板。

令我納悶的是公營腳踏車便宜又方便，怎有人「頭殼壞去」做這門生意？好奇心驅使我向前，原來，他們的出租車種廣及協力車、小摺、親子車……還推出新產品「接龍車」，與公共腳踏車款有些差異，「還算可以生存！」我心裡這麼想。

一副觀光客臉的我，甚至「白目」地詢問對方：「請問，高雄市政府的公共腳踏車，這裡沒有嗎？」店老闆完全沒有「同行相忌」的顧慮，不假思索回應：「有啊！在另外一個出口喔！」根據我在外「走跳」多年的經驗值，友善一點的店老闆，回應通常到此為止，但這家老闆邊講邊走出店外，揮動著手臂、拉長手指，指著前方說：「就是從這條路直走，那邊左轉，再往前大約十公尺，妳先找到西子灣另一個出口，對面就看得到了！」他認真「報路」的程度，就差沒帶著我前往；天啊！高雄人都這麼好嗎？

這趟高雄行，高雄人令人嘖嘖稱奇的友善事件，族繁不及備載，大大方便我的採訪

作業。

有一次，慕名品嚐「月娥鴨肉」（原老謝鴨肉），座位已經客滿，當時，有位年輕媽媽，硬是移動椅子湊近國中年紀的女兒，挪出一個位置，抬頭對我說：「小姐，這裡可以坐。」當下的我，好生感動，連說三次謝謝，心裡又開始OS：高雄人真好！

再說到高雄百貨公司的消費經驗，本來以為到北、中、南都有的連鎖百貨公司，實在很不上道，但一比較之下，服務實在天差地別；我專注找鞋，專櫃小姐很認真介紹自家鞋子的優點，講話誠懇像媽媽，試鞋試到呷意為止，找不到喜歡的鞋，完全不強迫推銷，服務態度也沒有因為我沒買東西而改變。

還有一次，我到星巴克躲雨，點餐時，店員見我手持火紅的智慧型手機，問我：「這是XXX嗎？」等我給予肯定答案後，他熱心說：「升級了嗎？千萬不要，因為很驢，我好幾個朋友試過！」高雄人啊！高雄人！你們的熱情，讓我這遊遍大江南北的台北客，不僅感受到滿滿的溫暖，更看到台灣未來會更好的曙光。

謝了！素昧平生的各位高雄人。

O5 R10
美麗島站

南華商場
六合夜市

高雄捷運有許多精彩的大師級公共藝術作品，尤其美麗島站，內外壯觀，來到高雄，錯過此地，實在太可惜。

凌駕於交通運輸的剛硬，獨特站體設計的藝文氣息，讓高雄捷運更貼近民眾生活。

■幸福，享樂，夜繁華---美麗島

　　美麗島站是高雄捷運橘、紅線的交會站，就位於中正三路及中山一路交會口，這個區域原本就是高雄市的商業重鎮，從中山路婚紗街、中正路喜餅街、南華夜市、六合夜市，白天到黑夜、繁華不滅。捷運完工後，日本建築大師高松伸設計、具「祈禱」意涵的「貝殼狀」出入口的藝術站體，點綴這個心臟地帶，更加耀眼。

　　至於站內，由義大利裔美籍的玻璃藝術家水仙大師設計製作，歷經四年多完工的穹之光頂，早大有名氣，再加上電視劇〈痞子英雄〉的推波助瀾，吸引更多人前來朝聖；而我，也是其中一名。

　　步行在一片沉寂的捷運站內，來到中央，正是人潮聚集之處，毋需刻意抬頭看，就可以感受六百多平方公尺的藝術震撼，當下的我，大為讚嘆，尚未瞭解深遠寓意，已經有種感動襲上心頭，眼眶濕濕的；那是一種，台灣，真的進步了！終於出現像樣的、有整體感、國際化空間藝術的悸動。

　　光之穹頂由水、土、光、火四大主題組合而成，四個區塊以不同元素表現人生輪迴：女性孕育、誕生生命→心懷大地展望、光陰飛逝的成長→創造與提升、意氣風發且飛揚→爭鬥毀滅與浴火重生等意向，下方中間的兩大圓柱，由紅代表陽、藍代表陰，形容陰陽相融、交會成整個世界，漸層往上顏色越亮，往下顏色越暗。這裡，正是〈痞子英雄〉劇情中，Dreamer的交易地點。

貼心提醒

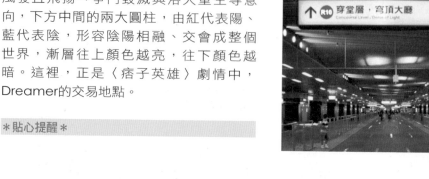

「光之穹頂」位於美麗島站穿堂層，想觀賞很簡單，不需要買票進站。

南華商場

南華商圈以前稱為新興市場，後來加了遮雨棚而更名。這裡，沒有熙來攘往的人潮，往來消費者以中年女性較多，較像是傳統型商圈，呈現市井小民生活的縮影，所以，服飾、配件、皮鞋、日用以及傳統小吃，在此大集合。

這個區域最大特色以服飾為大宗，範圍涵蓋了大同路、南華路，所以裡面巷弄隱藏了有許多服飾修改業者，只要不是太複雜的修改，在附近逛一圈回來，就可以取貨，「即修即拿」修改費約100元，太繁瑣的部分，還能議價。

在南華夜市，隱藏不少老字號美味，若想吃吃喝喝，建議在晚上6點到10點這段精華時間前往，才不會望著空鍋興嘆。

愛玉冰

南華夜市的涼水攤位不少，而且，彼此相鄰，我觀察了一下，這家無名小攤位，攤位前，已凝結的愛玉隨意切割成不規則狀，大大的掛放在碗公裡冰鎮，滲出

的部分垂降下來，晶瑩剔透的模樣垂涎欲滴，難怪，客人來來去去沒停過。

一有人點用，老闆娘快速舀愛玉入碗，再俐落地淋上比例甜美的檸檬汁與糖水，酸甜、清涼的愛玉冰才端上桌，我已經迫不及待，果然，滋味迷人、口感軟硬適中，最重要的是一碗才15元，很多人現吃又外帶。

小辣椒滷味

沿著南華夜市主要幹道南華路，走出遮雨棚區到大同路的路口左邊，這家創立於民國73年的小辣椒滷味為熱燙式滷味，令人好奇的是為何炎炎夏日，還齊聚了五、六組人耐心等候？

湊近一看，滷味料種類至少有五十種，連一些不常出現的滷味料，這裡都有，還有一種俗稱「樓梯」的花干，性格老闆特別強調「只有高雄才有，」店家的獨家配方滷汁，吃起來不覺得口乾舌燥，很多百貨公司專櫃小姐、新崛江商圈店員，下班後都會繞來這裡買消夜，算是在地人才知道的巷弄美食。

■南華夜市
位置：出口3左走中正三路方向，或出口5往回走往捷運主體方向，都可以看到南華觀光夜市入口。

南台灣餐飲口味偏甜，建議到訪高雄用餐喝飲料，不要對甜度太挑剔。

■不敗夜市王---六合夜市

有天半夜1點多想找東西吃，打電話向高雄朋友求救：「上哪兒吃好呢？」他回答的斬釘截鐵：「六合夜市！」的確不用考慮，這時間，只有六合夜市東西齊全、選擇多元，剛進到高雄市最後燈火通明的地標，我馬上淪陷。

六合夜市算是高雄市觀光夜市的指標，外籍遊客來來往往，拿旗子的日本觀光團、陸客成群前進，只要不下雨，人潮都洶湧。

這裡的小吃五花八門，如果怕採到地雷，最簡單的篩選辦法就是跟著人潮吃，因為六合夜市路寬敞、店距大，哪家店生意好，很容易就可察覺。

享譽國際的六合夜市，到訪者眾多，因此，停車大不便，建議早點到，搭乘捷運，於美麗島站下車，從11號出口出站，就是六合夜市入口了。

烏魚子、烏魚鍵

　　在六合路與自立路口的烏魚子、烏魚鍵，排排掛的烏魚子在燈光的照映下，閃閃動人，簡直成了醒目的招牌。

　　別看這小攤沒人氣，其實是老闆早完成前置作業，烤的時候動作又快，來客現點後現烤，不用1分鐘，就可以嚐到美味。

　　雖然一小串要價50元，但烏魚子可是以前有錢人才吃得起的點心，不妨卸下心防，花點錢打打牙祭，感受一下當有錢人的滋味。

海產粥

　　每次到高雄，我一定要吃這一家的海產粥，位置就在烏魚子隔壁，一點也不難找，而且一靠近攤位，就可以看到老闆很大器亮出蟹腳肉、花枝、蚵仔、蛤蠣、蝦

子等五種海鮮食材，這些豐富、肥滿的海鮮，就是海產粥的所有材料。

同樣的食材，老闆還變化出鹽蒸蝦與鹽蒸蟹肉兩種菜色，其實作法都一樣，加上蔥、薑、蒜及一點豆豉後加鹽水煮至入味，每份售價110元，一頓吃下來，完全浸淫在海鮮世界，口齒流鮮。

烤肉之家

在夜市的中段，很清楚可以看到有個冒煙的攤位被一群人團團圍住，這就是知名的「烤肉之家」。

我湊近一看，架上有米血、黑輪、雞脖子、雞丁串、七里香、烤雞心、雞腿、雞腱、雞翅的半成品，看來很好吃了，讓人口水直流，該怎麼選擇呢？很簡單，看到後面準備區堆積如山的雞腿，就可以知道烤雞腿是暢銷No1。

土魠魚羹

每天傍晚，成立三十多年的「土魠魚羹」，就傳出炸魚塊的香氣，誘惑著過客。老闆每天到魚市購買新鮮土魠魚，切塊醃製、現炸現賣；而羹的做法，則用魚骨熬煮湯頭加入白菜、油蔥酥，再勾芡成

完成濃稠感，吃起來滑順且香氣十足。

為了滿足客人的味蕾，老闆發展出兩種吃法；乾吃，口感外酥內嫩，若與羹攪和，魚塊可吸收羹湯，咀嚼帶湯的炸魚塊，湯汁溢出如湧泉，在口中懸繞。

老江紅茶牛奶

從喧囂的區域，轉入將夜市切成兩段的南台路，往中正路方前進，瞬間寧靜，沒想到不過3分鐘，馬上又見到人龍店「老江紅茶牛奶」；求證過高雄朋友，果然，又是一家名氣響亮的老字號。

在高雄，飲料店充斥，傳統的滋味已經逐漸消逝，讓高雄人留戀的「老江紅茶牛奶」，還保留著古早味的感動。

這裡，僅幾張桌椅，店面擺設簡單像早餐店，但他們24小時營業，晚上可從夜市散步過來，白天從美麗島站出口1出站，背對捷運站，沿中正路方向走，右轉進南台路，即可輕鬆找到此店。

身為高雄招牌飲料紅茶牛奶的翹楚，我提高兩倍味覺、仔細品嚐。必備的「高牧鮮奶」，結合獨家口味紅茶，奶的味道不會太濃郁、香氣適中，襯托出紅茶的講究，很明顯，紅茶是主角、鮮奶是配角。

我認為紅茶的滋味香、醇、甘，調味後，甜的很有個性。當所有業者都可以選用「高牧鮮奶」仿效時，都忽略了紅茶的滋味，才是紅茶牛奶的成敗關鍵。

白天不懂夜的美

　　雖説，高雄人見「光」死，但當太陽朝著地平線挺進，通過45度關卡，猶如啟動高雄人身上開關，「OFF」中的高雄人，馬上「ON」起來。

　　我説過，在高雄，日間人煙稀少，每到近黃昏，人都冒出來了，「正妹」也開始出現趴趴走。

　　據説，無論美眉、少婦、師奶，白天都窩在有冷氣的地方整裝、準備，蓄勢待發等候夜晚的來臨。比較起日間，她們不計形象、層層保護的「包大俠」裝，一到晚間，金蟬脱殻。

　　夜市，變成爭奇鬥艷的伸展台；平口露香肩上衣、曲線畢露小洋裝、翹臀性感短褲、搖曳生風迷你裙等華服，搭上最流行的高跟鞋。

　　「咦！附近有喜宴會館嗎？」當我抱著疑惑逛夜市時，才發現，大家都好隆重；這是穿著夾腳拖「凸」歸高雄的我，最不懂的地方。

　　幾天後，高雄朋友這麼跟我説：「妳不知道嗎？『瑞豐夜市』是高雄正妹最多的地方。」喔～原來如此。

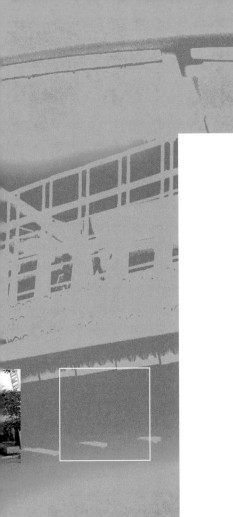

07

文化中心站

文化中心

■人文集散地---文化中心

　　文化中心站位於中正二路、和平一路口，這個區域是高雄市的文教重鎮，附近市民藝術大道、五福步道、自來水公園都是居民遊憩處，不見得適合觀光客。

　　不過，大統百貨附近、彩虹公園周邊的餐廳街，咖啡香纏繞著綠蔭、陽光灑落，都是幅員廣大高雄少見的景致；而以人文氣息著稱的廣州一街，則有不少巷弄創意與茶館。

　　每週六的下午4點到晚上9點半，文化中心西側藝術大道會有藝術市集，許多創作者齊聚，有機會別忘了來挖寶。

NiNi黏土創意市集

　　「NiNi黏土創意市集」位於文化中心側門對面的廣州一街，一經過，就可以被樹

窗濃濃的的溫馨家居味吸引。

　　原以為產品大多是裝飾性的物品為主，沒想到推門進店裡一看，展示架上陳設的髮夾、髮箍、戒指、耳環、項鍊、書籤等實用飾品，把黏土創意發揮到極致，店老闆NiNi說每樣作品都是手工製作、獨一無二。

佐佐義

　　關於高雄朋友大推的「佐佐義」，位於大統百貨後面、環境鬧中取靜，獨立的建築，夜間昏黃色的環境燈，讓氣氛更顯著，而內部裝潢簡單素雅，排落地式的木製窗門經營出南歐風情，我覺得很有台中市美術館附近，綠園道餐廳的感覺。

　　「佐佐義」以平價著名，義大利麵最便宜的是100元起，最多不會超過250元，所有餐點採單點式，可自行搭配組合成套餐。

　　不過，由於無電話預約服務，只能現場登記等候，且座位間距小，太容易互相干擾，所以，不太適合沒耐心、怕吵雜的人；總之，喜歡台北「義麵坊」的人，應該不會覺得「佐佐義」陌生。

■**佐佐義 I**
位置：高雄市民享街97號
電話：（07）281-6869
營業時間：11：30~14：00；17：30~21：00
■**佐佐義 II**
位置：高雄市中正二路56巷31號
電話：（07）223-2819
營業時間：11：30~14：00；17：30~21：00（需加1成服務費、無刷卡）

有著店主十三年的夢想與堅持，所有黏土創意，發揮到極致。

古柏鎮棒球餐廳

　　美國紐約州中部的古柏鎮是棒球誕生地,「古柏鎮」棒球餐廳老闆許亦榕如此為店取名。

　　從小熱愛棒球的老闆許亦榕,當大聯盟在台尚未有擁護者時,已經開始沉迷,展開十多年的收藏生涯,至今珍藏品超過二千件,成為現在棒球主題餐廳的基礎。

　　精緻的店內,有如棒球運動博物館,收藏棒球名人堂球星漢克阿倫(Hank Aaron)、小葛瑞菲(Ken Griffey Jr.)和羅德里奎茲(Alex Rodriguez)的紀念物,光是歷年知名球星的親筆簽名球,就多達一千多個,公仔、頭盔、球棒、球衣等收藏,也是極盡豐富;店內陳設每年微幅調整,陳列品逐年增加中,鮮明的主題吸引眾多客群。

　　因為老闆對裝潢、家具的講究,挑高空間加上有點美國新古典風格的室內裝潢,也吸引非用運動迷的上班族前來,因

為這裡一點都沒有運動餐廳的喧鬧。

　　老闆說一般運動餐廳提供美式速食餐點，但他希望大家都可以接觸棒球運動，餐點是重要關鍵，於是推出最大眾化的義大利麵；可別小看這餐點，全部都是高雄餐旅學院畢業的校友一起集思廣益的成果，論品質、創意與服務，都有一定水準，很多老客人定期報到。

■古柏鎮棒球餐廳
位置：高雄市信守街8號
電話：（07）223-8475
營業時間：11：00~14：30，17：00~22：00（星期二休息）

老莊豆漿店

　　「老裝豆漿店」是一家常常需要排隊的店，油條現揉、現拉、現炸，燒餅現

每到高雄，我寧可捨棄飯店早餐，一定要到名店排隊。

利用很多蒜頭快火炒的珠螺，在外面不常見。

擀、現烤，店家動作其實不慢，客人就是一直湧入，消化不完。

美味的關鍵就是製作過程的現場表演，動感無限，而且，油鍋裡的油看起來很清澈、乾淨，讓排隊的所有人大開眼界，這年頭，願意這麼「搞剛」的店家，已經很少了，難怪，大家風聞而來。

■老莊豆漿店

位置：高雄市四維二路185號，沿文化中心旁廣洲一街，到四維二路左轉大約10公尺，即可看到

營業時間：上午時間，賣完為止

阿全海產鵝肉

不鄰近商圈、不位於路邊，隱身巷子裡的「阿全海產鵝肉」，沒有在地的老饕朋友帶路，我可找不到。

這天，高雄美食達人陳爸、陳媽、美君姊、蘇董與林大哥，帶我來這家他們形容一級棒的海鮮料理之家，看他們與老闆的互動，肯定是常客。

從旁觀察他們的點菜技巧，我發現一定要先把易飽的飯麵類摒除在外，接著，詢問老闆今日從漁船購進的好貨，晚餐菜色，就在像閒聊的一問一答間，決定了。

老闆是澎湖人，對海鮮品質的講究自然不在話下，但他的處理方式獨樹一格，他善用澎湖風乾蔬菜的酸味，引出海鮮的鮮甜，口味之特別，台灣少見。

■阿全海產鵝肉

位置：高雄市新興區尚文街40號，文化中心站出口一出站，往前到民族路右轉，沿民族路右轉尚文街即可見到，路程大約10分鐘

電話：（07）222-7273

蒙面人與赤辣的高雄太陽

　　說要到高雄，已經很多人用各種方式警告我，高雄有多熱，甚至比手畫腳，捧著太陽放在額頭邊，面目猙獰說：「妳看，高雄的太陽總是這樣，隨時跟著妳。」不過，這對於愛曬太陽的我，一點也不構成威脅。

　　我一身勁裝抵達高雄，細肩帶背心、牛仔褲，加上一副太陽眼鏡，連帽子都沒有，就開始我的高雄之行，踏著美麗的陽光，步行在耀眼的高雄街道。

　　但沒兩天，就發現自己是奇人一個，總有路人對我行注目禮；我猜他們這麼想：「那笨蛋觀光客，不知道高雄太陽很烈嗎？」

　　好心的服裝店美眉跟我說：「在高雄，下午三點前（嚴格來說是四點）不會有人在路上閒晃。」就算有，也跟陽光玩捉迷藏，專挑騎樓走，不過，這種人很少，因為高雄人不愛大眾運輸工具、不愛走路，特別偏愛騎車、開車。

　　所以，街頭最常看到的景象是：長度及胸口罩、遮陽外套、袖套與手套，蒙面俠裝扮的機車騎士，全副武裝、抵擋光害，尤其是早上上班時間，集體出動，如果可以搭配音樂，簡直訓練有素的歌舞劇表演，天天上演。

　　高雄人若逼不得已一定得出現街頭，必定全副武裝，長度及胸的口罩、遮陽外套、袖套與手套，就是基本配備。

　　路上都沒人嗎？別懷疑，因為太陽大，高雄人習慣畫伏夜出。

R6
凱旋站

夢時代
前鎮漁港

■南方之星---夢時代

　　高雄市地形為南北向的長形，常可以聽到高雄人把北高雄、南高雄掛在嘴上形容位置或距離，就像台北市形容的東區、西區，區分的分水嶺就是高雄火車站。

　　幾年來，美術館、巨蛋等現代建設一一落腳北高雄，公園、綠地伴隨著蓬勃發展造就北高雄的崛起，當大家都聚焦北高雄時，南高雄已悄悄改頭換面，重工業城市逐漸休閒化，由台灣最大購物中心「夢時代」先打頭陣。

　　「統一夢時代購物中心」的建築有兩大主體，以外部鯨魚造型包覆另一主體，內部空間設計以海洋、自然為概念，打造購物、休閒、娛樂、藝文、餐飲的複合式生活購物環境，我覺得這裡就像大磁鐵，把人吸引進來，然後，待上一整天，一點也不想離開。

　　首先，光是看到頂樓的Hello Kitty摩天輪，就讓人精神抖擻。這個建築體總高102.5公尺，共有36個車廂，是全台灣唯一可欣賞到海景的摩天輪；晚上，透過LED燈光照明，幾度幻化六種主題色彩，顯得明媚耀眼。因為空間寬闊、休閒設施完善，夢時代成為電視劇〈痞子英雄〉的重要場景。

■夢時代
位置：從凱旋站出口3出站，時代大道步行約8分鐘，或搭接駁車抵達夢時代。

全台灣唯一可欣賞到海景的摩天輪是高雄新地標，與台北美麗華百樂園摩天輪形成南、北雙摩之爭。

■震撼咖啡香---機場後花園

高雄小港機場跑道北側,受到航管區的禁建限制,保有一大片青翠綠地,成為附近社區居民晨昏散步、飛機迷觀賞飛機起降的好去處,只是,人潮聚集後,開始出現許多攤販,雜亂成章,尤其晚上開燈,嚴重影響飛安的行為,頻頻遭到航管局取締。

經過多年市府、航管局與農家的協調,整個區域的傳統農業轉型為觀光休閒農業,營造安全舒適的空間,成為高雄市民的後花園,目前,大約有六、七家業者在此經營。

由於高雄小港國際機場每日起降班機達百餘班,業者不約而同設置梯形觀景台方便遊客的賞機,讓眼前就是航班起降,觀賞毫不費力。

但航班有特別的密集時段,業者很聰明,有人規劃成餐廳、咖啡館,也有人用心打造主題農場,吸引親子遊,連幼稚園小朋友,都全校來此校外教學,「不只看飛機,還有可愛動物區、兒童遊戲區,半天行程很豐富。」領隊Lisa老師說。

這另類的感受,已經成為市民及外地遊客,到此一遊的新興景點。

■位置:R4A草衙站出口1、2,搭乘紅7接駁公車(往桂林重劃區方向),於明聖街口下車,再步行約10分鐘

老爸咖啡

好的景觀也要配好的咖啡,成立於2003年的「老爸咖啡」算是較早到此做生意的業者,老闆Daniel與爸爸將原本的咖

啡車，改造成一家店，設置梯型觀景台，把燈柱、電桿往後移，前方保留空曠，給觀機者最佳視野；堅持使用咖啡豆為義大利LAVAZZA，加上環境安靜，吸引純粹的咖啡愛好者。

天空之城

　　天空之城老闆宋榮林家世代務農，以前種田時，覺得飛機起降很吵，沒想到現在，竟然成為他的飯碗。

　　他將家裡的農地，申請成觀光休閒農場，一樣設有有梯型觀景台，另有成立兒童遊戲區、可愛動物區，適合親子、團體遊，最多可容納600人。

■老爸咖啡
電話：0912-987852
營業時間：14：30～24：30（週一~五）、
　　　　　13：00~01：00（六、日）

■天空之城
網址：http://www.ks-skycity.com.tw/
電話：（07）793-2858
營業時間：14：00～01：00（週一~五）、
　　　　　10：00~01：00（六、日）

■遊憩新重鎮---前鎮漁港

關於漁港，大家都想到海鮮大餐，但是，高雄的前鎮漁港，雖然漁貨量約占全國50%，擁有大小漁船約三千艘，漁港十一處，但並沒有完整規劃出「印象中」「漁港吃海產」的實際據點，有的只是賣魚小販；少了吃、喝、玩、樂，交通又不太便利，等於喪失招攬觀光客的優勢，被很多遊客忽略。

但我有不同觀點，高雄市是台灣最大的漁業生產重鎮，前鎮漁港是台灣最大的遠洋漁業中心，漁船數量及漁船噸位都是台灣第一，仔細調查後，發現有這麼多個「台灣最大」、「台灣第一」的頭銜，既然來到高雄，怎能錯過呢？

順億

遠洋漁業起家的「順億超低溫冷凍」，在前鎮漁港內開設第一間鮪魚專賣店。店裡隨時播放魚貨處理現場、加工流程作業影片，讓消費者了解食材處理過程、吃得安心，更增添用餐趣味。

現場還提供消費者「從海洋到餐桌」的超低溫美味，無論是生魚片、握壽司、手捲、生魚片蓋飯，甚至味噌湯，都是全鮪魚的體驗，大口吃下、大口滿足，價格也很平價。

為了衛生著想，這裡不賣熟食，但有鮪魚生魚片、鮪魚頭丁、鮪魚眼睛、膠質尾肉等超低溫產品可供選購。

■順億
位置：高雄市前鎮區漁港南一路39號2樓
營業時間：11：00～20：00（僅週五～日營業）
電話：（07）811-0559

政治，非常錯亂

身在台灣，不懂政治，也要懂得看看局勢，搞清楚自己身在何方，別白目高談闊論，尤其是在高雄，極藍與極綠極端存在的特殊生態，實在是種説不上來的錯亂感。

　　有人説，政治是個太危險的話題，談旅遊，何必如此嚴肅？其實，我又何嘗不想兩袖清風，但一根腸子通到底的我，不能不提醒：「難免會遇到」，所以，入境，請隨俗。

　　我覺得站在哪一邊都無所謂，只要瘋狂讚美高雄，眼神同時流露著羨慕眼光，依然能獲得友善高雄人的熱情對待；這，就是我行走高雄的不敗安全法則。

　　高雄市的違規拖吊車是白色的，所以，有些老高雄人稱拖吊車為「白色恐怖」，我覺得很有趣，更佩服高雄人政治聯想能力。

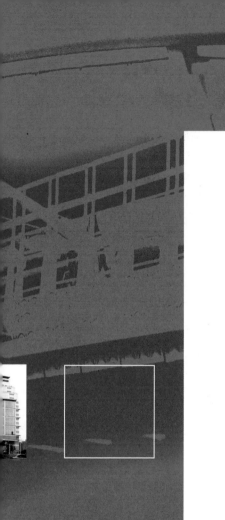

R8
三多商圈站

三多商圈
85大樓
新光碼頭

■百貨一線天---三多商圈

　　準備到85大樓訪友，聽我說要搭捷運，她們驚呼：「捷運站到這裡，有段距離喔！大概要走15~20分鐘捏！」她們認知的「有段距離」，對我這個台北捷運族來說，其實還好。

　　不知道因為已經有心理準備，還是高雄人不習慣走路，我計算一下步行時間，才七分多鐘就到了。

　　這裡鄰近捷運三多商圈站，以前最熱鬧的地方只有興中夜市，十多年前，SOGO、新光三越、大遠百等百貨公司相繼於三多路與中山二路口開幕，帶動夜市商機，附近巷弄，逐漸衍生出服飾、精品、飾品店、伴手禮店，還有特色餐飲、夜店、電影院等吸引遊客駐足，三多商圈生態愈來愈完整，呈現豐富多元的面貌，現在大家稱這裡為百貨購物天堂。

　　即使到如今，興中夜市規模仍不如六合夜市，但因地利之便，加上有不少遠近馳名的老字號，成為老饕覓食的好所在。

阿六鱔魚麵

　　興中夜市的阿六鱔魚麵，已經有三十多年歷史，算頗資深的店家，好口碑獲各大媒體的報導，現在，雖然已經交由第二代接手，如果老客戶要求，創始老闆秦先生老闆也會親自為客人炒麵。

　　店內品項不多，只有鱔魚意麵、炒鱔魚、花枝意麵、什錦燴飯、炒飯、炒青菜，售價從50~100元，口味較偏台南的酸甜味，老闆說為講究鱔魚新鮮度，因此請魚店提供新鮮鱔魚。

■阿六鱔魚麵
位置： 三多商圈站出口5，沿三多路走到文橫二路，就是興中夜市入口
電話：（07）333-8993
營業時間：10：00~24：00

呷百二

　　店家老闆許先生是屏東烘焙業的第二代，因為前輩的幫忙，開發出難度極高的桂圓蛋糕，由於訴求養生，於是取名「呷百二」，對年長者祝福長壽，年輕人也琅琅上口，也「台」得很有味道。

　　後來，再繼續推出鳳梨酥、日式煎餅，以及融入枸杞、桂圓、人蔘、冬蟲草等養生食材的特色點心。

　　我最欣賞的是現代精緻、設計時尚的包裝設計，而且價格不貴，送禮很體面、不負擔。

■呷百二
位置：高雄市三多三路264號，三多商圈站出5，加油站旁
電話：0800-660120
營業時間：8：30-22：30
網址：http://www.eat120.com.tw/

■朝聖之旅---85大樓朝聖

前往高雄地標85大樓，絕不能錯過的是兩大觀景重點：一是搭乘世界第三快的星光高速梯到74樓觀景台，俯瞰大高雄的都市景與海港景；二是前往一路之隔的新光碼頭，仰望壯觀的85大樓。

趁著天色夠亮，我先搭上前往觀景台的直達電梯，但不是搭到74樓，而是依指示到75樓。根據介紹，電梯每分鐘最快達六百公尺，從一樓到75樓只需43秒，目前為世界第三快的高速電梯，速度僅次於台北101，與日本橫濱地標大廈電梯。

這時，為了讓電梯把更多電力用在爬升，這時內部會漸漸變暗，頂部呈現星空閃耀，當大家還沉浸在驚訝、感動中，已經抵達目的地「74樓觀景台」，花費時間大約43秒。

電梯出口其實是75樓，欲往觀景台，必須以步行往下走一層樓，但沿路指標不是太清楚，一行人踏著不明確的步伐，摸索前進，「好像是這裡！」「應該到了吧！」認識的人、不認識的人，都把柯南精神發揮極致，我終於抵達目的地：74樓觀景台。

＊貼心提醒＊

行家建議白天登上觀景台賞高雄美景，都市、海景、山景、高雄港都可以一覽無遺，而且，天氣好時，還可以看到小琉球。

■74樓觀景台

位置：高雄85大樓74樓，需於1樓售票處購票，搭電梯至75樓，再往下走到74樓。

電話：（07）566-8000轉2323

開放時間：11：00~23：00

門票：一般票價100元，65~70歲及領有殘障手冊者半價，100公分以下及70歲以上免費；以上有購票者，皆可於74樓咖啡廳抵消費。

高雄市景的豐富性,是台灣其他城市難以匹敵。

挑個好角度,貼著落地窗,城市美景盡在腳下。

原以為附屬於飯店之下，收費一定比較高，沒想到與外面一般咖啡館差不多。

朱力安小舖Coffee Bar

　　走進金典酒店大廳，就可以看到朱力安小舖，一邊是麵包蛋糕坊，另一邊是Coffee Bar。

　　朱力安小舖Coffee Bar的設計裝潢有lounge bar的味道，整體環境具有飯店水準。因為裝潢很新、有時尚味、氣氛不錯，我選擇在這裡小歇片刻，果然，光是座椅就讓人放鬆；因為好奇，選擇了創意九功格點心，各小點味道鹹甜都有，頗有趣。

　　後來才知道，旁邊的麵包蛋糕坊，在高雄小有名氣，有不少人推薦。

■朱力安小舖
位置：高雄85大樓，金典酒店1樓
電話：（07）566-8000轉2323
開放時間：08：00~24：00

■新光碼頭

　　穿過成功路，就可以看到海洋之星新光碼頭的貨櫃藝術。這裡，每年都是跨年晚會與貨櫃藝術節的活動場地。

　　裡面，設有新光園道、海岸公園，可以樂活騎單車、悠遊漫步，還有一座戲水池可以玩水。

　　而環狀設計的挑高空中迴廊，可讓港灣風光盡收眼底，往85大樓的正面望去，可看見大樓的特殊設計，左右兩棟建築在35樓以上結合，併成單一高塔，直聳到85樓，外型看起來很像瘦版的「高」，正好表現出「高雄」的名字。

　　賞海景、看黃昏，成為大家到訪高雄的重要活動。

　　高雄市得天獨厚，有太多看海、看都市、看黃昏的好地方，旅行的短暫停留，只能從中篩選；遺珠之憾，只能等下次。

為什麼不坐捷運？

高雄人會為了愛運動而去運動，但不會因為順路而乾脆走動一下，這一點，我不懂？我猜，這也是造成高雄捷運生意清淡的原因。

習慣背著筆記型電腦跑透透的我，曾經多次窩在各捷運站內使用免費的無線網路，每次一待，至少半小時。我總愛觀察人間百態，最愛選擇角落席地而坐，然後，細數往來的乘客。

關於高捷，只能說除了連結高鐵、臺鐵轉運要道的R16左營站、R11高雄車站、R4高雄國際機場站，或是每個週末的R8三多商圈站、R6凱旋站、O7文化中心站的逛街人潮，以及每週二、四、五、六、日晚上，鄰近瑞豐夜市的R14巨蛋站，與〈痞子英雄〉重要場景「光之穹頂」所在地R10美麗島站，這幾個特定熱站以外，進出人數寥寥無幾。

所以，聽說我要寫書，從台北回鄉發展的高雄朋友強烈建議：「妳能不能在書裡呼籲高雄人多坐捷運。」我問她：「所以，妳都身體力行，搭高捷上下班嗎？」她語帶保留：「ㄟ～沒有！」然後，急忙解釋：「我家住鳳山，在左營上班，開車比較方便。」

另一位高雄友人說：「從我家騎車到這裡上班，只要15分鐘，若搭捷運就要換線，必須耗時25分鐘，很麻煩！而且，一天要花50元，我騎車，三天才花50元，除非假日要去的地方不好停車。」

撇除經濟問題，我猜，高雄人喜歡「直接達陣」的習慣應該是受炎熱天氣的影響，一切都是因為太陽太大，「雖然我家步行到捷運站才5分鐘，但是騎機車去搭車，比較快又不怕被曬。」有位朋友這麼形容。

另外，有個隱性因素是我幾天下來的小發現，就是期待的落差。舉例來說，當我按捷運觀光地圖索驥，以為R9中央公園站出口就是「新崛江」商圈時，卻只發現幾棟破敗的建築物，實際上，還要步行3～10分鐘，穿越馬路、鑽進巷弄，才是目的地；而O7文化中心站的出口，也看不到高雄市立中正文化中心。

　　我想，怕曬又懶得走路的高雄人，絕對無法忍受；而觀光客又習慣以台北觀點來看高雄。

　　就像是負有高雄「高雄西門町」美名的「新崛江」，卻因此被拖累，北捷西門町站出口人潮多、國父紀念館站出口就在館區圍牆邊等先入為主印象，都成了美麗的誤會。

　　如果高捷沒人潮就沒有商機，但若沒有業者投入炒熱市場，也不會有人搭捷運，有點像雞生蛋還是蛋生雞的難解習題。我覺得高捷的景觀、公共藝術，都具備國際水準，但為什麼這麼少人搭乘呢？「應該是習慣問題吧！」我總是這麼想，所以，衷心的希望大家多搭乘大眾運輸，不只是拯救高捷，因為我們都是地球的公民。

R9
中央公園站

新崛江
漢神百貨

捷運站體由國際建築大師，李察‧羅傑斯設計，宛若飛揚的祥雲，壯闊而聲勢浩大。

■貴族、雅痞、新人類---新崛江

中央公園站的版圖，就是流行的樞紐。這裡的三個出入口，分別是中央公園內、玉竹一街與舊大統百貨。

沿著五福二路、三到四路附近，原宿玉竹商圈、新堀江商圈、大立精品及漢神百貨等購物天堂齊聚，匯集著年輕族群、精品與貴族，因而有五福國際大道美名；若想休閒靜謐，可從捷運出口1直接深入中央公園，散步到城市光廊，可時髦可悠閒。

有南台灣西門町之稱的新堀江商圈，就是年輕人的潮流天堂，因知名度響亮，外地客也多。這個商圈，以前以大統百貨為首，自從大統火災，巷弄裡逐漸發展起商場，吸引業者進駐，人潮逐漸再回流。

根據新堀江店家的說法，無論服飾、餐飲、娛樂業，全高雄最新鮮、最潮流的選擇，都可以在這個區域找到；範圍包含了五福二路以北，以玉竹一街、玉竹二街及文橫二路為主的玉竹商圈，以及五福二路以南，仁智街、文橫二路、文化路稱新堀江商圈。

新堀江商品類型多又廣、價格帶較大，若鍾情於精品類，可深入商場內，一格格的小店家尋寶，就算不是平行輸入，也是經過精挑細選，大致上水準平均；如喜歡路邊攤購物的快感，沿著仁智街、文化路小巷，都有半開放式店家與小販，而沿著文橫二路兩側，還聚集各種小吃。

由於整個鬧區，位於捷運中央公園站範圍內，我覺得初訪者可以從出口二或三出站，右轉，即可轉進原宿玉竹商圈。

這邊，隱藏著少數幾家精緻小店，主要

新堀江商場內以販賣各式前衛、
流行尖端精品為主，自創帆布包
品牌TOP POWER、精品服飾Jo
Jo studio、飾品銀殿堂等，都
具相當獨特風格，是商場內老字
號。

位於玉竹一街與二街之間巷弄，不是太集中，沿著文橫一路也有些特色店家，熟門熟路的在地人才懂得逛進來，逛透了，才跨過五福三路，前進新堀江商圈。

同樣的，因為附近遮蔽物少，四季陽光強烈，想感受年輕人群聚的盛況，建議下午三點半以後再前往，因為，美眉、型男是不會在日正當中出沒的。

色彩豐富的潮牌正流行，新堀江商圈也緊抓著流行腳步。

TOP POWER

「TOP POWER」個性背包老闆王逸凱是職業軍人退役，所以他以帆布為素材所設計的包包，特別講究背包的耐用度；「一包多用」也是一大特色，無論是長背、手提、肩背，或是包包內放手機、眼鏡、筆記型電腦等，都有特別的規劃，而且，使用十字車縫、增加多重扣環，要求背袋銜接處的牢固性。

最流行的後背包，承襲一包多用的特色，開發出各種不同款式，王老闆說購買者都是台北來的觀光客。

訴求實用加上很實在建立口碑，「TOP POWER」在學生社交圈聲名大噪，很多人在迎新季、畢業季買來送禮。

■TOP POWER
位置：高雄市文化路88號2樓（新堀江商場）
電話：（07）241-1685
營業時間：13：30~22：00，星期日13：30~22：30（全年無休）
網址：http://toppower.elive-mall.com/e-live/

夠壞堂

年輕人喜愛的新興潮牌「夠壞堂」，在新堀江商場隔壁，有一整棟從三～五樓的展示空間，電動櫥窗、店內店陳列，整個空間彷彿像個大遊戲場，不消費純逛街，都不覺得白來，而從衣服、鞋子、飾品、配件，更易強烈風格吸引學生客群。

室內空間規劃，發揮大創意，讓人逛起來穿越層層關卡，有走迷宮的刺激感。

■夠壞堂
位置：高雄市文化路82號3~5樓
電話：（07）281-8822

〈痞子英雄〉紀念T恤，這裡買得到。

高雄人的交通工具以機車為主，包包經常被置放於腳踏板，所以，淺
色包包不好賣，深色包熱銷，久了，產品線也都以深色為主。

GAZZa

　　有別於裝潢別緻的店面，這看似簡單的外觀，沒有太多的裝潢，光是陳列出來的衣服，就足夠吸引我走近進一看，果然，老闆的眼光獨具，港、韓平行輸入的服飾，看來就與其他店家有些不同，最特別的是試穿時，門市小姐會細心選搭一雙合適的鞋，走出試衣間，完全煥然一新。

■GAZZa
位置：高雄市玉竹一街17巷4號
電話：（07）251-8428

杯子咖啡館

　　本來以為「杯子咖啡館」不過就是個店名，沒想到，這是一家到處都可看到杯子的咖啡館；因為老闆喜歡收藏杯子，索性以杯子為主題開咖啡館，即便是沒有搶眼的裝潢設計，但店內展示的一千多種的杯子，繽紛的色彩，已經讓整家店耀眼起來，而杯子不僅只是裝飾，還開放讓顧客選用。

　　這裡不只賣咖啡，還供應餐點，以一般家常菜為主，不少人大推價格親民的高麗菜飯。

■杯子咖啡館
位置：高雄市中興街167號
電話：（07）339-2470
營業時間：13：30~21：30

■高雄人的至愛---漢神百貨

　　高雄的漢神百貨，名氣遠播，據說，連台北霸主SOGO，全台開店王新光三越、大遠百，都不是對手。

　　從外觀看，古典風格的建築，氣派、挑高的入口，的確讓人有享受尊榮之感，除此之外，為何高雄人對漢神如此忠誠？我的好朋友阿麗給了一個看似不重要，卻很實際的答案：「漢神的滿額禮給得阿沙力。」

　　我解釋一下，到別的百貨公司消費滿500元才有滿額禮時，在漢神百貨消費只要100元，就可兌換滿額禮；經濟不景氣，別人提高到滿千送禮的門檻時，漢神稍做調整，仍然大方，滿200元就有禮。

　　至於贈品的種類，以婆婆媽媽日用最多，從鹽巴、沙拉油到拖把都有，「所以，都是要買東西，去漢神買就好了！」對率直的高雄人而言，除了精打細算之外，最重要的是「奇檬子」問題；所以，時至今日，高雄人的最愛，還是漢神！

老爹爹泰式料理

　　在高雄港還沒解禁之前，「老爹爹泰式料理」老闆夫妻以小攤子型態做生意，後來，才在鹽埕區的七賢路上成立店面，假日人多到要領號碼牌，今年才又在漢神百貨對面巷子開2店。

　　無論1店、2店，雖沒有華麗的裝潢卻都很乾淨，加上輕快的泰國歌曲，讓人彷彿置身東南亞。

　　在這裡，每道菜價平均在110~150元之間，比一般泰國料理店平價，我覺得四

人共同用餐最剛好也最划算。

　　最後結帳時，在櫃臺可以清楚看到廚房作業，沒想到，環境一樣很乾淨，實在太令人驚訝，讓我印象非常好。

■老爹爹2店
位置：高雄市海邊路53巷66號（漢神百貨斜對面，漢華飯店旁巷子進入）
電話：（07）241-4296
營業時間：11：30~14：00，17：30~21：00（星期一休息）

■老爹爹1店
位置：高雄市七賢三路44號（鹽埕埔站出口一出站，沿著五福四路左轉七賢三路步行約8分鐘到達，臨近高雄港）
電話：0929-114-138
營業時間：11：30~14：00，17：30~21：00（星期一休息）

Mumbo Jumbo

　　這是一個年輕男生開的義大利創意手工冰淇淋店，他之前在台北西華飯店服務，後來返鄉創業，兩年前，他在漢神百貨後面小巷子開店賣冰淇淋。

　　這家店雖然不大，但環境營造、食材

搭配、音樂選擇等都夠水準，而他的應對進退，完全就是飯店人的樣子，讓人覺得在這裡消費，完全是種享受；去年他把二樓租下來，發展更多產品與座位，讓人可以坐更久，完全不用怕太陽與下雨。

■Mumbo Jumbo
位置：高雄市自強三路237號（自強三路235巷內）
電話：（07）215-7775
營業時間：12：00~22：30（星期一休）

「紅茶牛奶」！It's the 高雄way

紅茶牛奶！紅茶牛奶！紅茶牛奶！我注意，高雄，到處看得到紅茶牛奶。

到底什麼是「紅茶牛奶」？問高雄人，他們很自然回答：「就是紅茶加牛奶啊！」朋友說得理所當然，我猜應該也是，不過，就是好奇。

我可以很肯定，喝起來的口味就是「奶茶」，不過，口感的層次非常豐富，紅茶散發著濃濃麥香，而牛奶，一定要用一種獨特的玻璃罐裝「高牧鮮奶」，這種韻味，直接在齒頰留香。

通常，身手矯捷的老闆會一股腦兒倒入整罐牛奶，然後加上箇中的巧妙滋味：獨門「紅茶」。

有人不明就裡嫌棄：「不過就是古早味。」有人抱怨：「微甜！」我決定跳出來指正這些不懂事的外地人：出了高雄，你們想喝都喝不到！

R11 R12
高雄車站、後驛站

高雄願景館
高雄車站商圈
愛河之心

■舊拾趣時代

高雄願景館

　　坐巴士來到高雄車站，打電話與朋友聯繫：「我就站在『高雄火車站』前呀！」「哪裡？沒看到妳？」這真是個大烏龍！我的確是站在高雄火車站前沒錯；不過，這裡是功成而身不退的舊高雄火車站建築，現在稱為「高雄願景館」。

　　因為高雄火車站的歷史定位、建築美學與市民情感等重要的文化意義，高雄市政府決定大費周章幫火車站建物「搬家」，以保存如此巨大的文化資產。

　　由日商公司執行「高雄火車站保存遷移」工程，每移動一次，必須花費1小時重新架設水平千斤頂，再耗費10~15分鐘，移動60公分，所以，火車站便開始以平均每分鐘移動1公分的速度，緩緩移動。

　　2002年8月29日上午10：08，完成16天移動82.6公尺的歷史性世紀工程，從此，這裡成為多功能展示館，館前留給都市一個喘息的公共藝術空間。

■高雄願景館
位置：捷運高雄車站出口一出站後左轉即可看到
開館時間：週一休館、週二～週五 14:00~20:00、
週六～日 11:00~19:00

高雄車站商圈

　　目前高雄車站正在進行地下化改建工程，預定於2010年以後逐漸完工；以致於現階段，高雄車站及捷運高雄車站之間，尚未有地下連通道，兩者之間的往返，還是只能從站外轉乘。

　　城市的經濟命脈總隨著交通發展，雖

高雄願景館
Vision For Kaohsiung

開館時間：週一休館、
週二～週五14:00~20:00、
週六～日10:00~20:00

高雄火車站進出人次是全國第三，營收是全國第二；附近是南台灣重要的
公車、客運的轉運處，人潮、交通擁擠。

然車站還在建設中、區域內的交通特別擁擠，但是，既然已出站，不妨到附近走走；南台灣重要的電子商圈、服飾、乾糧、南北雜貨批發，全都在這兒了。

長明街

前站的長明街原只是衣服批發街，後來因為人潮多、商圈集中，陸續有3C業者在此集市，有如台北的光華商場，電子零件、音響、電器都找得到，發展成高雄有名的服飾、電子共容街，情侶、夫妻前往，各自有得逛，不用怕無聊。

■位置：建國二路和林森一路交叉口，出口一出站後左轉，穿越高雄願景館與國光客運即可看到。

三鳳中街

高雄市的三鳳中街與台北市迪化街同享盛名，集合了各式南北雜貨，環境規劃成長形商場，不用怕日曬、風吹、雨林。

因此，不需要過年，平時就有很多家

庭主婦直接來這兒購買乾材，比較不像一般觀光客會到訪之處，不過，年節時期是活動多多，過節氣息比起台北，有過之而無不及，不來湊一下熱鬧，太可惜。

■位置：三民自立路、建國路口，高雄車站出口一出站後向右走，沿著建國路越過自立路，右邊巷裡即是，步行時間約15分鐘
營業時間：06：00~22：00（全年無休）

後驛服飾批發商圈

後站的後驛服飾批發商圈，以安寧街為主向旁發展，有南部五分埔之稱，雖然起步比前站的長明街晚，現在已經有超過三百家業者在此聚集。

拜崛起較晚之賜，而與長明街略有區隔。這裡的店家比較重裝潢，服飾多由韓、港進口，標榜與北台灣的流行同步，相當適合腳力充沛的血拼族來逛，雖然大部分業者不排斥零售，但我建議看中意之後，還是先詢問有無零售，以免敗興而歸。

■位置：高雄車站出口一出站後右轉，找到高雄車站往後站的地下道，直接通後站。

驛站食堂

以台菜、客菜聞名的「驛站食堂」，是在地

有名的「台客店」，老闆原本是
附近的成衣批發商，餐廳現址本
還是停車場，十多年前，台灣成
衣不景氣，他才轉行。

　　非廚師出身的他，因為做生
意多年，養成一張利嘴，加上親
戚、朋友、客人的熱情建議，菜
色愈來愈多，品質愈來愈穩定。

　　這裡沒有太多餘的裝潢，不
過有老闆喜歡的台灣古董雜貨與
鐵道收藏畫龍點睛，就算非密閉
式空間又沒有冷氣，來用餐的客
人還是很盡興；我覺得用餐不需
要太矯情，或許，大家要的就是
這種簡單的滿足與幸福。

■驛站食堂
位置：高雄市三民區天津街2號
電話：（07）321-9986
營業時間：11：30～14：30，17：00
～21：00（每月第2、4、5週日休）

124

■沒有太講究的裝潢，只有老闆的鐵道收藏裝飾。

■驛站食堂位於鐵道邊，空間為半開放式，雖然沒冷氣，
但品質穩定與不受拘束的用餐環境，客人依舊絡繹不絕。

■星光浪漫---愛河之心

　　愛河的中上游，位於北高雄的博愛一路和同盟一路附近，市政府耗資一億七千多萬打造，結合水陸觀光、生態整治的「愛河之心」。由博愛一路將愛河之心分為東湖與西湖，兩湖中間興建流線造型橋貫通，俯瞰形狀猶如一個心形，而有此名。這裡的河道、自行車道與橋體，勾勒出美麗的湖岸景色，尤其在入夜後，華麗的燈光營造出的夜景，宛若寶石項鍊，在黑夜中閃耀。

＊貼心提醒＊

愛河之心適合小歇，不太屬於玩樂，建議以體驗公共建設之美的心態前往，才不會嫌無聊。

■位置：高雄市三民區博愛一路和同盟一路、二路，捷運紅線後驛站出口4出站，沿著博愛一、二路往北步行，約10分鐘

菜包李小吃部

　　不賣菜包的菜包李，賣得是海鮮。店面位於小而窄的河南二路邊，外觀與旁邊住家一模一樣、招牌不大，有點難找；這間超不起眼的餐館，內部完全沒特別裝潢，只有幾張大圓餐桌，不是識途老馬，不會知道這裡。

　　這家店不提供MENU，而是請客人到後面廚房直接點選食材，由於廚房放滿海貨，難免有點腥味，但不用擔心，這都是當日購進的新鮮魚貨。大快朵頤後結帳，在我沒有主動要求下，老闆娘居然遞出一張手開式發票，讓我深深感動：這店這麼低調，但報稅還真老實！

＊貼心提醒＊

1.因為生意好、用餐空間不大，最好先訂位，不然要排隊等很久。
2.沒菜單，有種「不知道要花多少？」的不安全感，點餐時，老闆娘會大概抓一下人數，點得菜都可以剛剛好吃飽，每人花費大約在600~900左右，當然人愈多攤提下來愈划算。

■菜包李小吃部

位置：高雄市前金區河南二路137號，沿著愛河往下遊走，過中華二路的左邊，外觀很像一般民宅
電話：（07）241-5778，215-5566

動！動！動！高雄運動風景

　　高雄，像個空城！剛開始，我這麼下注解。後來才發現，大錯特錯；原因出在我出沒的時間，與高雄人相反。

　　有一天，特別在早、中、晚三個時段，造訪「光榮碼頭」三次，我才驚覺，原來，高雄不是空城。

　　連續幾天印證，我更加確定，憋了一天的高雄人，每到黃昏，必趁此刻傾巢而出；這時，騎腳踏車、跑步、散步、溜狗的人，從四面八方冒出來活動筋骨，而熱愛運動的氛圍，不分平日、假日。

　　我認為，除了高雄人的基因流著愛好運動的熱血，高雄地廣、綠地多、公共空間建置完善，讓人隨時、隨地運動不設限，這項大加分，使得高雄人三不五時就想動一動。

　　在高雄，各處都有規劃完善的自行車道，傍晚、晚上最多人騎車。相較於台北，單車客只騎特定區域，在高雄，就算不是自行車道，只要太陽不曬的時間一到，也四處可見騎單車運動的人。

　　除了免費的資源，很多高雄人也選擇上健身房。單純談健身房，沒什麼稀奇，但斥資一億五千萬，號稱全國最大的「健身工廠」，真的，只有「工廠」足以形容他的壯觀。

　　如果說佔地三千坪，大家還沒什麼概念，我實地「走踏」高雄捷運巨蛋站附近的左營博愛廠，這龐然大物的大面寬，讓身高165公分的我，必須跨128步，才能從這頭走到那頭；至於裡面，除了健身房的基本設備，竟還有攀岩場、拳擊場、壁球場、籃球場、泳池等全方位運動設施。

　　據說，高雄市大家長陳菊，也會公務繁忙之餘、晚上9點以後，低調前來運動。我猜，應該為了強健體魄而來，畢竟，以陳市長可愛圓潤的招牌體型，若說是減肥，實在沒什麼說服力。

　　健身工廠是高雄著名的健身房，其中，以左營區博愛廠最大、設備最齊。可惜，這裡會員制，來自台北的我自然無福消受，但是，也可以花600元使用單次消費大開眼界，或者使用內行人介紹的偷吃步，鑽合約漏洞，厚著臉皮免費體驗一週，但這樣很不道德就是了！

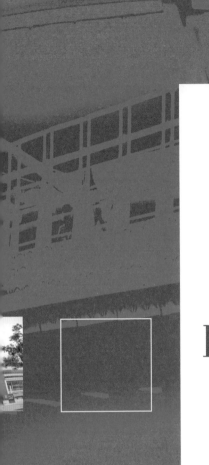

R14 R13
巨蛋站、凹子底站

漢神巨蛋
瑞豐夜市
高雄市立美術館
兒童美術館

■後起之秀，潮敗天堂

　　剛剛興起的北高雄巨蛋商圈，挾著漢神百貨進駐，周邊市場開始蠢蠢欲動，速度最快的是餐廳，沿著博愛二路的巨蛋站一路延伸到凹子底站，特色餐廳一家家開，在這裡，連鎖業者麥當勞、星巴客也毫不遜色。

　　這個區域，綠地多也是一大特色，從高雄市立美術館、凹子底森林公園到河堤公園。

漢神巨蛋

　　在北高雄，想血拼的人，目標還是以漢神巨蛋為主。漢神巨蛋不只是簡單的百貨公司，而是以精緻購物中心模式經營。

　　這裡引進國際精品、化妝品牌旗艦店之外，除了大打國際化形象，也不乏各方品牌，維持著漢神百貨一貫的全客層、大眾化風格。

■漢神巨蛋
位置：高雄市左營區博愛二路777號
交通：捷運巨蛋站出口5 出站順行，沿著博愛二路步行約3分鐘即達
電話：（07）555-9688，0800-621-688
開放時間：11：00~21：30（星期一~四）11：00~22：30（星期五及假日前一天）10：30~22：30 （週六及連續假日中之假日）10：30~22：00（週日及假日）

La Riche Cellier 瑞德餐飲

　　獨棟三層樓的白色建築，因為面寬超窄，老闆特別設計成圓弧造型，好讓整家店凸顯；與其他壯闊的餐廳比起，「La

La Riche Cellier
瑞德餐飲從環境到
餐點都頗具水準，
空間明亮、音樂對
味，安靜不吵雜，
餐點從口味擺盤都
講究。

Riche Cellier 瑞德餐飲」還是不太起眼。

　　這家店的母公司為專業洋酒進口商，老闆張先生的兒子對於爸爸賣酒，感覺丟臉，張先生才將事業版圖擴展至餐飲，推出歐式早、午、晚餐與下午茶；二樓空間展示紅酒、干邑、威士忌禮盒。

　　店內空間，一樓挑高的設計，讓日光灑落，也設計貫穿一、二樓的紅酒牆；在二樓，戶外吸煙區，可眺覽美麗的林蔭大道、博愛路景。

■瑞德餐飲

位置：高雄市左營區博愛三路101號，從漢神巨蛋再往北走大約3分鐘

電話：（07）359-2395

瑞豐夜市

　　高雄規模最大且規格化管理的夜市，目前設置的攤位超過五百個，小吃、服飾及娛樂攤位在此聚集。

　　這個夜市改善流動型夜市的缺點，設置定點、規劃位置，維持流動夜市的特色，每週二、四、五、六、日攤商才在此聚集，讓消費者保留一點期待。

　　由於攤位管理得當，湯湯水水、需要動「火」或提供座位的飲食，主要位於夜市主體的周圍，中間區各走道的頭尾也有一些簡單的滷味、烤玉米，每一條走道中段，則多以服飾、鞋子、生活用品為主，連算命攤子都有。

＊貼心提醒＊

根據我的觀察，瑞豐夜市是高雄正妹出現頻率最高之處喔！

■位置：高雄市左營區的裕誠路、南屏路口，由巨

不管週間還是假日，瑞豐夜市永遠滿滿的逛街人潮，不往前走，後面的人馬上擠上來。

蛋站出口一出站順行，經過三民家商即抵達，步行時間約3分鐘

營業時間：每週二、四、五、六、日

貝果貝果・東西廚房

　　河堤公園旁的「貝果貝果・東西廚房」，每到用餐時間，內用座位座無虛席，外帶的顧客在門口等候，加上喜歡戶外座位的老外，看起來非常熱鬧。

　　老闆林小姐說之所以稱為東西廚房，就是因為菜色結合東、西餐點，Bagel、三明治、墨西哥捲、義大利麵、沙拉，以期以炒飯為主的創意式中餐，宮保雞丁炒飯、夏威夷鳳梨炒飯等，不僅台灣人喜愛，也吸引很多外國人。

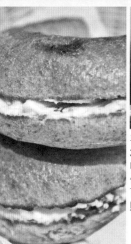

手工Bagel每個35元，有六種口味，七種抹醬可供選擇，現在還可以在網路上訂購。

■貝果貝果・東西廚房
光興店
位置：高雄市左營區光興街161號（巨蛋站出口4，走到裕誠路，右轉光興街，步行約10分鐘，河堤公園旁）
電話：（07）558-8455
營業時間：11：00~21：00
安吉店
位置：高雄市左營區安吉街403號（巨蛋站出口4，走到裕誠路，右轉富國路，就在富國路與安吉街口，步行約8分鐘）
電話：（07）558-0609
營業時間：10：00~22：00
民生店
位置：高雄市新興區民生一路 158 號
電話：（07）222-3377
營業時間：11：00~21：00

燈塔

　　高雄人的夜生活，不只有夜市。燈塔開店已經六年，老闆夫妻以平實的價格，

提供中、西式美食。

　　而且，每週皆推出主題特惠餐、新增
話題性餐點，增加話題性，每當感恩節、
萬聖節、情人節、聖誕節等特殊節慶來
臨，也會舉辦活動應景。現場，放送的西
方音樂，歡迎任何客人點播，實況播出球
賽，讓來客同樂。

■燈塔
位置：高雄市左營區富國路239號（巨蛋站出口
4，走到裕誠路，右轉富國路步行約7分鐘）
電話：（07）559-2614
營業時間：下午6點到深夜

品元糖口冷飲工坊

這家冰品店的客人總是絡繹不絕，主要產品有挫冰、雪花冰、豆花、冷飲等，食材多樣，讓人自選，很像在吃自助餐，經過客人口耳相傳，小店面擴大成現在的兩個店面，還是很多人在外面排隊。

完全舊式店面的「品元糖口」，沒有華麗的裝飾，靠的就是它的料多實在，現場可以選的料，有二十多種，讓人目不暇給。

無論剉冰、雪花冰，只要點選綜合類，就可以用杯子自己盛料，以不超過杯口為原則，再拿給老闆娘秤重，再加上剉冰、淋上香濃的糖水，經常都是滿滿的一碗給得實在；一般來說，大約在20~30元左右，如果量太多，還可以拿盤子去櫃臺「免費加冰」。

■品元糖口冷飲工坊

位置：高雄市左營區裕誠路157號，巨蛋站出口一，轉進裕誠路，步行約12分鐘
商家電話：（07）556-2748
營業時間：10：00－22：30（星期日公休）

自行取料秤重的方式新鮮。

■新都心，賞藝文

高雄市立美術館

　　凹子底站位於博愛一路、大順一路口，分別有四個出入口。本站範圍包括原「農十六」副都心區，連接將來的市政府以及周遭高級住宅區。博愛路沿線有許多辦公大樓，銀行商號密集，及博正骨科醫院、馨蕙馨醫院，高等法院高雄分院則在「農十六」副都心北側，明誠路則餐飲及各式商店密佈。

兒童美術館

　　這是台灣第一座專門為兒童設置的美術館，結合活潑化的互動展示做藝術教育推廣。

　　在這裡，高明度、高彩度的空間設計，是拍照的好地方，就算不是親子遊，

藉遊戲、創作、探索、觀摩、體驗、想像等方式,讓孩子透過
藝術在遊戲中學習。

也可以來參觀、親自感受豐富的各種活動主體，當下覺得現在的小孩真幸福，有種生不逢時的感覺。

■兒童美術館

位置：高雄市鼓山區馬卡道路330號，凹子底站出口一處，搭乘57路公車於美術館下車（限星期例假日上午9：00至下午5：00，每小時1班）

電話：（07）555-0331轉300

開放時間： 09：00~12：00，13：30~16：30（中午及星期一休館）

馬列小館

　　馬列小館，一家位於美術館附近的店，高雄最熱門的店之一。大家公認，這裡是一個吃飯喝茶的好地方，環境美、氣氛佳、餐具講究、空間營造獨樹一格，而餐點，均在水準之上，雖然價位不低，還是經常客滿。

　　環境明亮、清爽，加上椅子好坐有提供免費無線上網，這裡實在是一家值得久坐，揮霍一下午的好店，只可惜，下午茶限定時間一到，員工馬上提醒客人，讓人有一種被趕的感覺，我想，這也是店家最難為之處吧！

■馬列小館

位置：高雄市美術館路79號

電話：（07）522-6987

營業時間：11：00~22：30（星期一~五）08：00~22：30（星期六、日）

R16
左營站

左營
龍虎塔
眷村文化館
世運主場館

■ 光陰的故事---左營

本來，我對左營的印象就是軍營、舊房子，再到左營，已經滿是重劃區、新建築，或許是高鐵、捷運的通車，改變了一切，活化了原本就有的景點。

雖然有時我不太喜歡跟著人潮擠觀光景點，但是，就像到了巴黎，能不看巴黎鐵塔嗎？到京都，能不去清水寺朝聖嗎？我總和了一個結論，那就混搭一下吧！至少看看究竟有何獨特之處、為何迷人？

高雄市的人工湖蓮池潭，位於龜山與半屏山之間，環壇一週，可以發現這裡是寺廟大本營，供奉各種神明的寺廟，環著湖邊而建，經過我一一細數，至少十多座寺廟，或許對年輕人沒吸引力，但卻是進香團的朝聖聖地。

推動眷村改建政策時，將眷村文化保留，做為歷史的見證。

龍虎塔

　　名勝龍虎塔，分龍禪、虎禪兩塔，塔高七層，意思是佛家七級浮屠，每層十二角，飽和的色彩經過陽光的照射閃爍亮眼，水中的倒影與龍虎塔相輝映，成為高雄搶眼的地標，總會吸引遊人，搶著拍照紀念。

眷村文化館

　　眷村開始於動盪的時代，1949年從對岸大遷徙來台，抱持著一種「幾年後就回家鄉」的期待，他們以最簡單的行李在台灣生活。

　　由於意外進入台灣居民的生活圈，他們只好用竹籬笆將住所圍起來，簡單區

別，後來，大家稱竹籬笆裡為眷村；眷村裡居民來自大陸各省，小小一個村，就是中國大陸的縮影，各地方言、大江南北料理齊全。

我一直認為這是一個歷史的悲劇，造就這樣一個時代產物。時代變遷，眷村逐漸凋零，當年的活絡的景象已不復見。

左營是高雄市重要的眷村所在地，高雄市政府保留原來的海光三村診療室，將舊建築改為眷村文化館，保存眷村的歷史、生活與記憶，將情感封存於此。

在這裡，從矮一截的家具，感受當年屋子的簡陋；打開滿是旗袍的衣櫃，一窺太太們的生活；看軍官家庭的沙發椅與小兵家庭的矮凳子，察覺生活品質的差異。

老照片、功勳獎章、證件、家書等，往事歷歷，我想，我真的可以感受當年，這些人的滿腔熱血，意外造就的乖舛命運。

■眷村文化館
位置：高雄市左營區龜山巷157-2號，捷運紅線生態園區站，出口2出站，轉搭接駁公車紅51於蓮潭站下車，步行約5~8分可抵達
電話：（07）588-2775
開放時間：09:00~17:00（星期一及國定假日休館）

左營餛飩湯

熱門的左營餛飩湯，店名為「汾陽餛飩店」，位於左營大陸上的第二公有市場口，店外就有歐巴桑在包餛飩，非常好找；這家店創立於民國 53 年，店內餐點只有兩種：餛飩湯以及餛飩湯加蛋。

餛飩皮Q，內餡包醃過的豬碎肉，特色還好，但令人為之驚艷的餛飩湯，湯頭雖但而香，加上榨菜、芹菜、小白菜搭配，喝起來清爽不油膩，真令人滿足。

149

＊貼心提醒＊

所有旅遊資訊都說這家店名為「汾陽餛飩店」，但是，現場沒有看板，讓人不易辨認，請認明麥當勞對面、第二公有市場口那家就是了。

■左營餛飩湯

店址：高雄市左營區左營大路86號（麥當勞對面、第二公有市場口）

電話：（07）585-1858

營業時間：06：00~24：00

金華酥餅

左營第二公有市場還有另一家美味，就是「汾陽餛飩店」對面的「金華酥餅」，創立於民國37年，老闆陳先生依古法製作，每天嚴選新鮮宜蘭蔥、現宰後腿豬肉、台灣白糖，手工製作，用傳統烤爐炭烤；因為老闆講究，一個小時只出一爐，一天只出七爐，常常未出爐就被訂購一空，等候下一回合，又是一個小時之後。

■金華酥餅

店址：高雄市左營區左營大路86號（麥當勞對面、第二公有市場口）

電話：（07）585-5152

營業時間：8：00~17：00（每週一公休）

世運主場館，往後會成為台灣申請國際大型運動賽會的基本場地。

■世界都在看 高雄的驕傲

世運主場館

2009年在高雄市舉辦的世界運動會圓滿成功，因為高雄的努力，讓全世界都看到台灣。

世運主場館位於高雄的左營，由國際知名日本建築師伊東豐雄所設計監造，大膽揚棄傳統體育場館概念，以特殊的馬鞍造型、開放式設計外觀，前衛又具現代感。

呼應全球性的環保概念，館體採用100%可再生、回收利用建材，屋頂更使用9720片太陽能光電板作為場館的棚架，成為全世界第一座使用太陽節能的大型運動場館；每年至少產生110萬度的發電量，加上本來的開放式的設計，完全不需空調、自然通風。

＊貼心提醒＊

從捷運站到世運主場館，沿路無建築、大樹等遮蔽物，最好做好防曬準備。

■世運主場館
位置：高雄市左營區中海路及軍校路交叉口，世運站出口1出站，右轉中海路，步行約15~20分鐘抵達

開放時間：暫不開放自由參觀，但接受10人以上，預約報名參觀，每人收費100元

電話：行政院體委會 黃先生（07）582-0509

連續螺旋型館體外部造型設計。

館外的裝置藝術，也很有看頭。

OR

住，不可以隨便

漢華飯店
華園飯店
T Hotel 大益商旅
85大樓日租套房
漢來大飯店

■住，不可以隨便

出門玩，花的每一分錢都要有價值。我當然是不反對旅人砸錢住豪華飯店，但對於精打細算的我來說，二日遊、三日遊的行程，如果沒有太多時間在飯店享受，不如入住平價但品質不廉價的商務旅館。畢竟，享受美好的假期時，住，還是不能隨便。

花大錢住頂級飯店，獲得的好待遇是應該的；若能夠只花小錢，還能找到超值享受的飯店，那才叫內行。秉持這樣的原則，幾年經驗下來，我光是被照片、建築外觀誘騙，就繳了不少學費。

這種敗絮其中的地雷，其實不少。我曾經住過看似簡約風的旅館，但衛浴系統卻使用最低階的材質（在此不便透露是什麼品牌），地磚施工的不考究，造成排水設計無比糟；也有號稱精品飯店，隔音竟然極差，鄰房呢喃細語聽得清楚，閨房情事、床架撞牆更是魔音傳耳。

還好，隨著日子一久，我的經驗愈來愈豐富。根據我親自入住高雄地區大小飯店的檢驗，一晚的房價2000~2500元左右的房型，算是比較中肯的一個參考指標，所以，我習慣先鎖定飯店，心理盤算底價，接著上網訂房；漢華飯店、華園飯店、T Hotel 大益商旅，算是我比較常住，品質不錯、價格還OK的飯店。

在這裡，一定要大推網路訂房的好處：便宜！連打電話訂房，都沒這麼划算。除此之外，「旅遊資訊王」（http://travel.network.com.tw/）網站也值得好好推薦，是我行走江湖多年來，使用過的平台中，飯店量最多、最齊全的網站，實在超好用。

漢華飯店

我出生在一個幸福溫暖的家庭，因為工作需要，各地穿梭，對住的要求，超乎常人，覺得錢難賺的我，不追求頂級，就愛挖寶。

會發現「漢華飯店」起因於一次迷路。那天，看到在漢神百貨斜對面一棟建築正在掛招牌，好奇的我逗留了一下，原來是家新飯店落成。後來聽朋友說這原是河堤飯店，經過大力整修，全面使用LED燈具節能，更利用南台灣日照時間長的優點，採用太陽能鍋爐設備，善用自然能源，為綠色環保地球盡心力，外觀LED造型玻璃帷幕，展現白天與夜晚不同風情，整體設計已然是設計旅店的規格。

　　實際入住後，我欣賞房間規劃的整體性，櫃子、插座都使用隱藏式設計，一點都不突兀。由於不喜歡睡扁枕，更討厭一睡下去軟塌不起的枕頭，這裡的枕頭完全沒這些缺陷，疊上兩個後，非常適合愛閱讀的我；床的硬度適中，絕對不會躺下去之後，難以起身。

　　浴廁空間沒有大而空曠的淒涼感，麻雀雖小卻夠精緻，連我在乎的牆角收邊的做工也夠細緻，我相信，願意講究細節的老闆，品質也有保障。

　　果不其然，全館所有客房均配置迷你個人電腦，向櫃臺借用無線鍵盤及滑鼠，使用32吋的大電視，就可以上網或處理文書資料，如需列印資料，只須輕鬆按下列印鍵後，就有服務人員幫忙將列印資料送到房間，真是太周到了。我認為，除了工作，出門在外還是有需要網路的時候，飯店提供這麼貼心的服務，實在讓人太感動。

■ 漢華飯店
網址：http://www.harmony-hotel.com.tw/
位置：高雄市苓雅區成功一路265號
訂房專線：（07）216-6866

華園飯店

　　華園飯店雖然不僅緊鄰愛河，但步行約十分鐘可到，往另一個方向走10分鐘，則可抵達六合夜市，算是鬧中取靜的飯店。

可別被這看似龐大的飯店嚇到，他的房型多樣，價格選擇也多，一點也不用擔心超支，而且，自從2007年重新整修之後，特別推出煥然一新的主題時尚商務館，有熱情紅、風尚銀、自由藍、和平綠及復古黑等，每層樓的房型各具特色。

大飯店的優點，就是空間夠大，大廳、長廊都很大器，而且，不到2500元就能入住，也能享受游泳池，算是很超值。

我住的雖然是飯店最便宜的房間，但空間一樣不小氣，配設造型椅、燈飾，都將環境點綴得宜，雖然床比較硬、枕頭較扁，但寬敞空間加上佔盡地利之便，我願意將這些缺點忽略。

■ 華園飯店
網址：www.hotelhg.com.tw
位置：高雄市前金區六合二路279號
訂房專線：（07）968-2222

老字號的華園飯店搭上精品旅店風，重新改裝，推出設計風格主題房。

T Hotel 大益商旅

　　朋友介紹一家新開的飯店T Hotel 大益商旅，我雀躍訂房體驗。這裡，簡直是交通要塞，飯店正巧位於達高捷美麗島站與中央公園站之間，兩邊步行都僅約五分鐘左右，非常適合人生地不熟的旅客。

　　我計算了一下，從台北搭乘高鐵抵達高雄左營站，再轉搭捷運走到飯店，不用兩個半小時，非常快，完全不浪費一點時間。

　　以精品旅館為訴求的T Hotel，房間雖然超迷你，但提供高傳真ipod音響，這我從未見過，此外，還有RO逆滲透飲水機、RO逆滲透盥洗設備等，提供旅人乾淨的水源。

　　這家新飯店，硬體設施不差，但軟體的服務就顯得小氣了些。大學同學前來與我共享新飯店，準備來一場woman's talk，但是，因為兩人對室溫的感受度不同，睡前決定各蓋各的被子，特別向飯店要一條棉被，沒想到，竟被服務人員拒絕。

　　這是外宿多年以來從未遇過的狀況，我可以體諒飯店特別註明的無加床服務（不代表無加被服務），以及嚴格控制房間入住人數的限制；我以為誠懇地與對方溝通，應該可以獲得善意的回應，但最後還是一個人冷、一個人熱，過了一個無奈的夜。

■T Hotel 大益商旅
網址：http://www.kha.org.tw/webs/hotela117/post.aspx?menuID=541
位置：高雄市大同一路177號
訂房專線：（07）231-2141

位於交通樞紐的大益商旅，環境、氣氛極佳，可惜房間較小。

另一種選擇——85大樓日租套房

・85宜家

　　想入住高雄第一高樓85大樓，門檻很高嗎？85大樓日租套房是另一種選擇。

　　一覽有名的高雄海港景，入住星級飯店的海景房，1晚要價數千元，幾年前，徐偉黎、卓楨惠夫妻將名下滯銷的套房重新整裝，成立「85宜家」以飯店的4折，約1190~2980元的價格，每日計價出租，就像民宿一樣，吸引旅人，果然獲得好評。但是，礙於法規，都市不能設民宿；他們改名為「日租型套房」在網路上攬客，剛開始，沒人找得到他們，完全靠原來的熟客，慢慢介紹，經營出口碑。

　　後來，大家相中這塊市場，同業競爭激烈，有人懂行銷，推主題房型，有人資本雄厚，不怕價格戰，徐偉黎、卓楨惠至今屹立不搖，箇中原因，就是我最佩服的部分：嚴格要求居住整潔與品質，親自執行清潔工作，讓人安心使用。徐偉黎説，整棟大樓採中央空調，空氣不斷內部循環，所以，必須講究房間的空氣清新度，不然，不健康，所以，他在每個房間都騰出5000元預算，購置一台空氣清靜機，這一點，很少人注意。

　　除此之外，他將所有飲用水都先煮沸，再用德國BRITA濾水壺過濾，最後以紫外線鍋三十分鐘滅菌，確保喝得安全；而浴巾、毛巾都用來舒殺菌系列消毒液及清洗。有人問他們：「這麼細心，誰在乎呢？」但挑剔的我，就是欣賞這種龜毛的老闆，每次入住，我都睡得很安心。

・旅人假期

　　緊隨著「85宜家」之後崛起的「旅人假期」，是目前85大樓日租

85宜家日租套房的房型，跳脫噱頭，真正重視居住品質的本質，獲得旅人肯定。

旅人假期老闆曾從事觀光旅遊業，見多識廣，懂得規畫主題套房行銷。

套房主題風格最完整、最明確的業者。

　　曾經任職於旅行業的老闆李惠薇，將印度、巴里島、上海風，通通納入套房的主題設計，每間房間，從床、擺飾、桌、燈、櫃等，都呈現出各自的主軸。就算有些房間面對中庭，沒有景觀，她也能透過巧手，布置出宜人的異國風情，讓人流連忘返。

■85宜家
部落格：http://tw.myblog.yahoo.com/edwardloveemily/
訂房電話：0927-522331（卓小姐）
位置：高雄市苓雅區自強三路5號（三多四路與自強三路交叉口，東帝士85大樓）
■旅人假期
電話：0972-002448（李惠薇）
部落格：http://tw.myblog.yahoo.com/beauthome-beauthome/
位置：高雄市苓雅區自強三路5號（三多四路與自強三路交叉口，東帝士85大樓）

給自己一個奢豪的理由——漢來大飯店

　　不用多說，高雄漢來大飯店的豪華名氣，堪稱南台灣之最。走進金碧輝煌的漢來大飯店，迎面而來的就是歐洲風情的古典設計，因為夠氣派，這裡成為名人南下住宿的首選，也是2008年獲選為總統就職典禮的國宴場地。飯店最貼心的部分，在於所有房間都安排在15~19樓及26樓~42樓間，可居高臨下一覽迷人的高雄景觀，而海景套房、都市景觀房都是飯店的重要賣點；當然，想要享受如此極品，口袋要深一點才行，目前，就算是最便宜的房型，折扣後，仍要3700元，若指定海港景觀，則另外加價300元。

■漢來大飯店
網址：http://www.grand-hilai.com.tw
位置：高雄市前金區成功一路266號
訂房專線：（07）213-5766
服務電話：（07）216-1766

■旅遊資訊

高雄捷運乘車指南

→票價

票種	計費方式	說明
單程票	・依自動售票機上方之票價圖收費，售價位於20~60元之間	・限購買當日使用 ・可於自動售票機購買 ・僅可用於搭乘捷運，不適用於轉乘其他運具
一日卡	・每張售價200元（含押金70元）	・限購買當日使用 ・可不限次數及里程搭乘捷運 ・卡片無人為損壞者，於使用完畢七日內可至服務台退還押金 ・僅可用於搭乘捷運，不適用於轉乘其他運具
一日暢遊卡	・每張售價200元	・購卡後於高雄捷運或高雄市公車/渡輪系統啟用之當日有效 ・可不限次數及里程搭乘捷運、市公車(不適用於路線22、24、60)、渡輪(不適用於愛河愛之船) ・無轉乘優惠
團體票	・依票價圖八折收費	・供十人(含)以上團體旅客購買以搭乘捷運 ・僅可用於搭乘捷運，不適用於轉乘其他運具
腳踏車客票	・每張售價100元	・供攜帶一般腳踏車之旅客於指定開放時間購買以搭乘捷運 ・限購買當日使用 ・僅可用於搭乘捷運，不適用於轉乘其他運具
100天漫遊卡	・每張售價3600元	・自購買日起算100天內有效 ・僅可用於搭乘捷運，不適用於轉乘其他運具 ・可不限次數及里程搭乘捷運

→紅線（全程44分鐘）

	首班車	末班車
小港站（南端）	06：00	23：35
橋頭火車站（北端）	06：00	23：35

→橘線（全程23分鐘）

	首班車	末班車
西子灣站（東端）	06：00	23：00
大寮站（西端）	06：00	23：00

高雄公共腳踏車

→開放時間

無人自動站	24小時（每日凌晨00：00-00：30，系統重置，暫停借車）
人工站	各人工站制訂時間不一定（現場除了中控台外，另有站點人員提供會員辦理及詢問服務

→租借流程

	・租車	・還車
1 A	選腳踏車，記住車架號碼	將腳踏車置入鎖車架
2 A	將會員卡或信用卡插入中控台	確認車子是否上鎖
3 A	依螢幕顯示訊息操作，交易完成後取出卡片	將會員卡或信用卡插入中控台
4 A	90秒內按下紅燈取車，否則會再上鎖，取車時先前推在後拉	察看交易扣款狀況

※注意：取車後若發現腳踏車有瑕疵，於3分鐘內歸還，可重新選車租用，系統會自動重新計費。

→資格限制

身高：140公分以上

體重：120公斤以下

→收費方式

	年會員	半年會員	月會員	非會員
入會費用	1200元	750元	200元	無
繳款方式	現金、ATM轉帳或特約商店			現金、信用卡
租車費率	前半小時免費，之後每半小時10元			前半小時30元，之後每半小時15元

※注意：每日計費上限12小時，隔日重新計費

→租賃站分佈圖

請上網站下載使用http://www.c-bike.com.tw/rent.asp?id=1）

■高雄捷運公司

電話：（07）793-8888

網址：www.krtco.com.tw

■高雄公共腳踏車

電話：（07）973-1036

網址：www.krtco.com.tw

國家圖書館出版品預行編目資料

記者揪你玩高雄/處女座文、攝影；. —第一版. —台北
　市：樂果文化，2010.03
　　　面；　公分--(樂生活；4)
ISBN　978-986-85508-8-9(平裝)

1. 旅遊 2.高雄市

733.9/131.6　　　　　　　　　99002149

樂生活 004

記者揪你玩高雄

作　　　者／處女座
行 銷 企 劃／李麗斐
封 面 設 計／陳煜寰
內 頁 設 計／陳健美
總 編 輯／曾敏英

出　　　版／樂果文化事業有限公司
社　　　址／台北市 105 民權東路三段 144 號 223室
　　　　　　讀者服務專線：（02）2545-3977
　　　　　　傳真：（02）2545-7773
直接郵撥帳號　50118837 號　　樂果文化事業有限公司
印　　　刷／卡樂彩色製版印刷有限公司
總 經 銷／紅螞蟻圖書有限公司
地　　　址／台北市內湖區舊宗二路 121巷28．32 號 4樓
　　　　　　電話：（02）27953656
　　　　　　傳真：（02）27954100

2010年 3月第一版　　　定價／300 元　　　ISBN 978-986-85508-8-9
※本書如有 頁、破損、裝訂錯誤，請寄回本公司調換
版權所有，翻印必究　　Printed in Taiwan

fg-2